똑똑 교양 1

라면을 먹으면 숲이 사라져

최원형 글 · 이시누 그림

아라: 고래똥 생태 연구소 근처에 사는 초등학생. 동네 길고양이를 돌보다 고래똥 소장님과 친해졌다. 바다의 순우리말인 '아라'라는 이름처럼 넓고 따뜻한 마음을 가졌다. 환경과 동물에 관심이 많아 매일 같이 연구소에 찾아와 소장님과 이야기를 나눈다.

고래똥 소장님: 고래똥 생태 연구소를 이끄는 소장님. 기후변화를 막아 주는 고래똥 같이 생태계를 살리고 생태계의 중요성을 알리는 일을 하고 싶어 자신을 고래똥이라 이름 붙였다. 동물을 너무 사랑한 나머지 동물과 대화를 할 수 있게 되었다.

마루: 고래똥 소장님을 잘 따르는 초등학생. 아라를 따라서 고래똥 생태 연구소에 오게 되었다. 성미가 급하고 쉽게 흥분한다. 하늘을 뜻하는 순우리말 '마루'라는 이름답게 하늘을 나는 새를 좋아한다. 새에 대해 이야기할 때만큼은 한없이 진지하다.

거위: 추운 겨울, 거위 농장에서 산 채로 털이 뽑히는 고통을 견디다 못해 무작정 도망쳐 나왔다. 고래똥 생태 연구소에서 소장님과 지내며 동물들의 입장을 대변해 준다.

차 례

1. 겨울
1. 거위의 뽑혀 버린 꿈 • 6
2. 눈사람을 만들고 싶어요! • 14
3. 라면을 먹으면 숲이 사라져 • 24
4. 나비의 먹이 식물을 지켜 주세요 • 34
5. 제비를 기다려! • 44

2. 봄
1. 생태 통로, 함께 살아요! • 56
2. 참새의 하소연 • 66
3. 흙이 건강해야 우리도 건강해 • 76
4. 벌이 사라지면 우리도 사라져 • 86
5. 흰수마자야, 돌아오렴 • 94

3. 여름
1. 전기를 절약하면 북극곰을 살릴 수 있어 • 106
2. 아기 새에게 플라스틱을 먹인다고? • 116
3. 니모네 집을 뺏지 마! • 124
4. 오리에게 길을 비켜 주세요 • 132
5. 잘 살아, 제돌아 • 142

4. 가을
1. 연어가 숲을 키워 • 154
2. 쇠똥구리, 똥을 순환시키다! • 164
3. 생태 하천, 그곳에도 생명이 살고 있어 • 174
4. 갯벌을 지켜 줘! • 182
5. 유리 벽이 새들의 무덤이래! • 194
6. 강아지, 사지 말고 입양해요 • 204

맺음말 • 214

1. 겨울

1. 거위의 뽑혀 버린 꿈

올겨울 들어 가장 추운 날이었어. 문 두드리는 소리에 나가 봤더니, 내 앞에 누가 서 있었는지 아니? 그래, 거위였어. 그것도 가슴 털이 죄 뜯긴 거위 말이야.

나는 벌벌 떨고 있는 거위에게 무릎 담요 두 장을 가져다 덮어 줬어. 거위는 얼어붙은 부리를 겨우 떼더니 혹시 따뜻한 물을 좀 마실 수 있겠냐 묻더구나. 물을 끓여서 따뜻한 차를 한 잔 내줬지. 거위는 차를 다 마시도록 아무 말도 하지 않았어. 나도 놀란 가슴을 진정시키려 같이 차를 마셨단다. 거위는 담요를 뒤집어쓰고는 한참을 앉아 있다가 겨우 입을 열었어.

"놀라셨지요? 죄송해요. 이러다 얼어 죽겠다 싶었는데, 마침 연구소가 보였어요."

"괜찮아. 그런데 어쩌다 이 추운 겨울에 그런 꼴로……. 도대체 가슴은 왜 그런 거니?"

나는 조심스레 물었단다.

"보기 흉하지요? 제 목이랑 가슴, 겨드랑이에 난 털은 사람들이 죄다 가져갔어요. 털을 모두 뜯기고 나니 춥기도 한데다 상처는 또 어찌나 쓰라린지……."

여기까지 말하더니 거위가 막 우는 거야. 사실 나도 아까부터 거위 가슴에 난 상처가 신경 쓰였거든. 상처에 바를 약을 찾는데 화가 나서 머리가 뜨끈뜨끈해지더구나. 거위가 저 꼴을 하고 어디서부터 걸어온 건지, 며칠이나 바깥에서 추위에 떨었는지 알 수가 없었지. 상처 부위를 소독하고 약을 발라 줬더니, 거위는 눈을 꾹 감고 부리를 앙다문 채 참더라고. 인내심이 많은 거위라는 생각이 들었어. 어떻게든 더 따뜻하게 해 줘야 할 것 같아서, 내 패딩 점퍼를 가져다 덮어 주려 할 때였어. 거위가 갑자기 소리를 꽥 지르는 거야.

"고래똥 소장님도 패딩 점퍼를 입으세요?"

고개를 끄덕였더니 거위가 얼굴이 벌게져서는 말했어.

"거위야, 진정해. 오해가 좀 있는 것 같구나. 이 패딩 점퍼는 너희들 솜털이 아니라 인공 충전재가 들어간 거야."

"아, 그랬군요. 역시 고래똥 소장님은 다르시네요. 사람들이 입는 패딩 점퍼는 모두 저희 털로 만든다고 생각했어요. 오해를 했네요."

"오해할 만해. 거위털이나 오리털 패딩 점퍼를 많이들 입는 건 사실이니까."

"사람들은 저희가 태어난 지 10주쯤 되면 털을 뽑기 시작해요. 그 뒤로는 6주 간격으로 털을 계속 뽑아요. 저는 세 번이나 뽑혔어요. 털이 뽑힐 때마다 너무 아파서 죽을 것만……."

거위는 말을 더 잇지 못하고 눈물을 흘렸어.

"털이 죄 뽑혀도 우리는 살아 있어요. 아니 살려 둔 채 털만 뽑아요. 그래야 털을 계속 얻을 수 있으니까요. 머리카락 하나를 뽑아 보세요. 아플 거예요. 그런데 여기 목에서부터 가슴, 겨드랑이까지 나 있던 털이 죄 뽑혔으니 어땠겠어요? 너무 무섭고 더는 견딜 자신이 없었어요."

그때 그 고통이 떠올랐는지 거위가 몸을 부르르 떨더구나. 한참을 가만히 있다가 거위는 다시 말을 이어 갔어.

"지난번 털이 뽑힐 때 가슴에 있는 살점이 같이 뜯겨 나갔어요. 피가 철철 났지요. 그런데 사람들이 어쨌는지 아세요? 마취도 안 시키고 그냥 바늘로 상처를 꿰매는 거예요. 너무 아파서 한참이나 소리를 질렀어요. 내 친구 하나는 결국 죽었고요."

여기까지 얘기하고 거위는 꺼이꺼이 울었어. 나도 그만 눈물이 났어. 얼마나 아팠을까 생각하니 나도 모르게 눈물이 쏟아지더구나.

"더는 이렇게 살 수는 없다고 생각해서 잠깐 문이 열린 틈에 도망친 거예요. 그런데 지금이 겨울이라는 걸 깜빡했어

요. 막상 나오니 온몸을 칼로 찌르는 것처럼 추웠어요. 산 채로 털이 뽑히는 고통이나 별반 다를 게 없더라고요. 너무 슬펐어요. 고통스러운 생활이 싫어서 도망 나왔는데 말이에요. 그렇지만 다시 돌아갈 수도 없었어요. 이미 문이 닫혔으니까요. 눈앞이 캄캄해졌지요. 그러다 언젠가 참새 친구들이 고래똥 연구소 얘기 하는 걸 들은 기억이 났어요. 혹시나 하는 마음에 이렇게 찾아온 거예요."

그제야 거위에게 무슨 일이 벌어졌는지, 그리고 왜 연구소에 오게 됐는지 알 수 있었어. 우리가 패딩을 입고 따뜻하게 겨울을 나는 동안 거위들이 그렇게 고통스러운 삶을 살고 있었다니 얼마나 미안했는지 몰라.

"그럼 이제 어떻게 할 거니? 당장 갈 곳도 없지 않니?"

"없어요. 당장 어디로 가서 뭘 할지 아무 생각이 없어요. 그렇지만 하고 싶은 일이 하나 있긴 해요."

"그게 뭔데?"

"제 가슴 털로 알을 품고 싶어요. 그게 제 꿈이거든요."

"그래? 그렇다면 내가 도와줄 수 있을 것 같아. 일단 나랑 같이 지내면서 앞으로의 일을 생각해 보는 건 어떨까?"

거위는 또 눈물을 글썽였어. 이번 눈물은 아마도 좋아서 흘리는 눈물이었을 거야.

티셔츠 한 장만 더 입으면……

진짜 동물의 털로 만든 외투가 인공 충전재로 만든 외투보다 더 따뜻할까? 한 대학 의류학과 교수팀에서 거위나 오리의 가슴 털로 만든 외투와 공기 주머니로 만든 외투가 보온력에서 얼마나 차이가 나는지 실험을 통해 비교해 봤어. 결과부터 말하자면 진짜 털로 만든 패딩이 따뜻한 것은 사실이지만, 공기 주머니로 만든 패딩과 큰 차이가 없었대. 고작 면 티셔츠 한 장 더 입은 정도의 차이였다는 거야. 공기 주머니는 오리나 거위 같은 동물에게 고통을 주지 않을 뿐만 아니라, 가볍고 제작비도 싸. 공기니까. 그런데 진짜 털이 더 따뜻할 거라는 막연한 생각 때문에 인공 충전재가 들어간 외투가 잘 팔리지 않는대.

꼭 오리털이나 거위털로 만든 외투를 입고 싶다면 재활용 소재로 만든 제품을 사는 건 어떨까? 어떤 기업에서는 낡은 외투에서 모은 오리털이나 거위털로 외투를 만들거든. 또 어떤 기업에서는 새들이 털갈이할 때 자연스레 떨어지는 털을 모아 제품을 만들고 있어. 그렇게 모은 털로 외투를 만들려면 시간이 많이 걸리고 만들 수 있는 옷의 양도 많지 않아. 게다가 무척 비싸지. 그렇지만 적어도 다른 생명에게 고통을 주는 일은 피하는 게 옳지 않을까?

추위를 많이 탄다면 보온성을 높이는 방식으로 옷을 입어 봐. 얇은 옷을 몇 장 겹쳐 입으면 옷과 옷 사이에 공기층이 생겨서 두꺼운 옷 한 장을 입을 때보다 더 따뜻하거든. 또 목이나 등같이 신경이 지나고 피부밑 지방이 얇은 부위를 따뜻하게 해 주면 추위를 덜 느낀대. 겨울이면 사람들이 목도리를 하고 조끼를 입는 이유가 있었던 거지.

2. 눈사람을 만들고 싶어요!

어젯밤 눈이 펑펑 내렸어. 연구소 뒷마당도 눈으로 하얗게 덮였지. 나는 연구소 뒷마당에 눈이 쌓이면 저절로 다 녹을 때까지 그대로 둔단다. 온갖 새며 동물들이 남겨 놓은 발자국이 정말 예쁘거든. 어떤 동물이 다녀갔는지 확인하는 게 얼마나 재밌는지 몰라. 눈이 녹으면서 땅이 드러나는 모습도 멋지고.

눈 세상으로 변한 연구소 뒷마당을 흐뭇하게 내다보고 있는데, 마루가 시무룩한 얼굴로 나타났어. 늘 까불거리던 애가 시무룩하니깐 걱정이 되더라고. 그래서 장난을 걸었지.

"왜 똥 씹은 얼굴을 하고 있어?"

"소장님도 참, 더럽게 똥 씹은 얼굴이 뭐예요!"

마루는 잠깐 발끈하는 듯하더니, 이내 낯빛이 어두워졌

어. 정말 무슨 일이 있는 게 아닌지 걱정스러웠어.

"너 웃기려고 해 본 소리야. 근데 무슨 일 있니? 왜 너답지 않게 잔뜩 풀이 죽었어?"

"아니, 어젯밤에 눈이 그렇게 많이 왔는데 벌써 다 녹았다는 게 말이 돼요?"

"여긴 아직 그대로 있는데?"

내 말이 채 끝나기도 전에 마루는 벌써 뒷마당으로 뛰어나갔단다. 이리저리 눈을 밟고 뛰어다니더니, 눈 뭉치를 굴려 멋지게 눈사람을 만들더구나. 눈을 그대로 두고 지켜보려던 내 계획은 마루 덕분에 다음 기회로 미뤄야 했단다. 신나게 놀고 연구소로 들어온 마루에게 아까부터 궁금했던 걸 물어봤어.

"너 눈이 다 녹아서 시무룩했던 거야?"

"아침에 일어나자마자 눈사람을 만들려고 달려 나갔는데, 아파트 마당에도 놀이터에도 눈이 하나도 없는 거예요! 우리 아파트에는 눈이 하나도 없는데, 연구소 마당에는 왜 눈이 그대로 있는 거죠?"

어젯밤 눈이 많이 내려서 연구소 뒷마당에 있는 소나무는 가지 하나가 부러지기까지 했어. 그런데 어째서 마루가 사는 아파트에 있던 눈은 다 녹은 걸까? 연구소는 산 밑이라 눈이 빨리 안 녹은 걸까 생각도 해 봤지만, 마루네 아파트는 연구소 바로 근처거든.

"근데 이상한 점이 있었어요. 나뭇가지나 잔디밭에는 눈이 그대로 있고 아스팔트가 깔린 도로와 주차장에 내린 눈만 다 녹은 거 있죠? 혹시 검은색 아스팔트가 햇빛을 잘 흡수해서 눈이 빨리 녹아 버린 걸까요?"

"음, 내 생각엔 아닌 것 같은데. 왜냐하면 오늘 새벽까지도 눈이 왔거든. 아침나절에 해가 났다고 그 많은 눈이 금세 다 녹았을 것 같진 않아."

"아, 그러네요. 그럼 대체 왜?"

마루가 고개를 갸웃하더니 이렇게 말했어.

"그런데요, 눈 녹은 자리에 소금 알갱이 같은 게 남아 있었어요."

그 말을 듣자마자 눈이 사라진 이유를 알았어. 요즘 사람들은 눈이 오는 걸 그리 좋아하지 않는 것 같아. 특히 어른들 말이야. 눈이 조금만 내려도 길이 미끄러워져서 자동차들이 도로 위를 엉금엉금 기어 다녀야 하는 데다 사고가 일어나기도 쉽거든. 그래서 도시에서는 눈이 내리자마자 곧장 치워 버리곤 해. 눈을 치울 때는 주로 염화 칼슘을 쓰지. 마루가 본 소금 알갱이가 바로 염화 칼슘이야. 19세기 벨기에서 발명된 염화 칼슘은 제설제의 혁명이라 불릴 만큼 많은 사람의 사랑을 받았어. 생긴 모양은 소금과 매우 비슷해. 그래서 마루 눈에 소금으로 보였을 거야.

염화 칼슘은 어떻게 눈을 없앨까? 염화 칼슘을 눈이나 빙판 위에 뿌리면 눈에 있는 수분을 흡수해. 이때 열이 나면서 주변에 있는 눈을 더 많이 녹이지. 또 눈이 녹은 물에 염화 칼슘이 녹아 들어가면서 물 분자들끼리 만나는 걸 방해해. 그래서 영하의 날씨에도 물이 잘 얼지 않아. 이게 염화 칼슘을 뿌리면 눈이 잘 녹고 다시 얼지 않는 이유야. 신기하지? 무거운 눈을 치울 필요도, 어디에 쌓아 둘 필요도 없이 염화 칼슘만 술술 뿌리면 눈이 말 그대로 눈 녹듯 사라지니까 말이야. 예전에는 눈삽을 들고 눈을 치우느라 한겨울에도 진땀을 흘리곤 했는데 정말 편리한 세상이 된 거야. 기적의 물질이라 할 만하지 않니?

그런데 좋은 점이 있으면 나쁜 점도 있게 마련이야. 눈 녹은 물과 함께 땅속으로 스며든 염화 칼슘은 땅속에 있는 물도 흡수한단다. 나무나 풀에 가야 할 물까지 말이야.

그러면 나무나 풀에는 정말 나쁜 거잖아요. 땅속에 있는 곤충 알이나 애벌레에게도 안 좋지 않나요?

요즘 부쩍 곤충에 관심을 보이더니, 마루는 땅속에 사는 곤충들 걱정부터 했어.

"맞아! 염화 칼슘은 곤충들뿐만 아니라 동식물에 두루 피해를 줘."

도로 주변에 있는 과수원의 나무들이 말라 죽어서 원인을 찾아봤더니, 도로에 뿌린 염화 칼슘 때문이었대. 염화 칼슘이 나무들이 마실 물을 다 흡수해 버린 거야. 그래서 도로에 염화 칼슘을 뿌린 회사가 과수원에 보상해 준 적도 있어. 보상도 보상이지만, 나무들이 다 말라죽다니 너무 안타까운 일이잖아. 나무들이 얼마나 목이 말랐을까?

염화 칼슘은 아스팔트 틈으로 스며들어 도로에 상처를 만들기도 해. 도로가 푹푹 파여 구멍이 생긴 것을 포트 홀이라고 하는데, 포트 홀이 늘어나면 교통사고가 일어날 위험이 커진단다. 염화 칼슘은 자동차에도 안 좋은 영향을 줘. 눈이 오고 나면 반드시 차를 씻어 두라고 하는 게 염화 칼슘 때문에 자동차가 부식될까 봐 그러는 거야. 또 거리에 뿌려 둔

염화 칼슘이 마르면 가루가 되어 공기 중으로 퍼져서 우리 몸에 안 좋은 영향을 끼칠 수도 있대.

그때 가만히 내 이야기를 듣던 마루가 후다닥 나가 버렸어. 인사도 없이 말이야. 시간이 얼마나 지났을까. 마루가 다시 문을 벌컥 열고 들어왔어. 등산화에 모자에 스키 장갑까지 아주 단단히 무장하고 나타났더구나.

"등산화를 신으면 길이 미끄러워도 잘 미끄러지지 않아요. 꼭 등산화가 아니라도 바닥이 울퉁불퉁한 신발을 신으면 된대요. 그리고 염화 칼슘 대신 모래를 뿌리는 게 나무에도 해롭지 않고 좋을 것 같아요."

녀석이 언제 저런 것까지 다 찾아보고 온 걸까 싶어 대견했단다. 마루는 친구에게도 알려 줘야겠다면서 나갔는데, 뒤뚱거리는 게 마치 아까 만들어 놓은 눈사람 같더구나.

 ## 친환경 제설

염화 칼슘은 눈을 빨리 녹이는 대신 여러 부작용을 일으키기 때문에 친환경 제설에 관한 연구를 하는 과학자들이 많아. 그중 하나는 음식물 쓰레기를 이용하는 방법이야. 음식물 쓰레기에 미생물을 넣어 발효시키면 유기산이라는 물질이 생겨. 이 유기산을 농축해 마그네슘 이온과 섞으면 친환경 제설제가 만들어지지. 문제는 가격이 너무 비싸다는 거야.

도로에 열선을 깔아서 눈을 녹이는 방법도 있어. 염화 칼슘을 사용하지 않는다는 점에선 친환경인데 열선에 쓰이는 전기를 어떻게 만드느냐에 따라 친환경이 아닐 수도 있어. 전기가 석탄 화력 발전소나 핵 발전소에서 온다면 친환경이라 부를 수 없겠지?

눈이 많이 오는 곳에서는 이미 친환경 제설 방법을 사용 중이야. 울릉도처럼 바다가 가까운 곳에서는 염화 칼슘 대신 바닷물을 써. 바닷물의 주성분인 염화 나트륨은 염화 칼슘보다 눈을 녹이는 속도는 느리지만 환경에 해를 덜 끼치거든. 소금이 얼음을 녹이는 성질을 잘 이용한 거지.

일본 가장 북쪽 홋카이도의 삿포로시 사람들은 염화 칼슘의 위험성을 잘 알고 있어서 오래전부터 사용하지 않고 있어. 대신 도시 곳곳에 돌가루를 놓고 누구든 길이 미끄럽다고 느끼면 뿌릴 수 있도록 했지. 우리나라에서 연탄을 난방 연료로 쓰던 시절에 눈이 오면 길에 연탄재를 뿌리던 것처럼 말이야. 돌가루는 나중에 치워야 하는 불편함이 있지만 환경에는 해를 끼치지 않거든.

이런 게 다 어렵다고? 그럼 돈이 들지 않으면서 가장 확실한 친환경 제설 방법을 알려 줄게. 바로 내 집 앞에 쌓인 눈은 내가 치우는 거야.

3. 라면을 먹으면 숲이 사라져

　모처럼 아라가 연구소에 놀러 왔어. 아라는 길고양이 밥을 챙겨 주다 알게 된 친구야. 마음이 참 따뜻한 아이지. 아라는 내 일을 방해하지 않으려고 조용히 의자에 앉아 창 너머로 숲을 한참 바라보더구나. 그러다 갑자기 내게 물었어.
　"왜 라면을 먹으면 숲이 사라져요?"
　"마침 연구소에 떡이 좀 있는데, 배고프면 라면 대신 떡은 어때?"
　내 말에 아라는 눈을 동그랗게 뜨고 되물었어.
　"왜 갑자기 떡을 먹으라고 하세요?"
　"방금 네가 라면 먹고 싶다고 했잖아. 그래서……."
　그러자 아라는 배를 잡고 웃었어. 눈물까지 찔끔 흘리더구나.

"고래똥 소장님은 가끔 보면 귀가 좀 이상하신 것 같아요. 라면을 먹고 싶다고 한 게 아니라 왜 라면을 먹으면 숲이 사라지냐고 물었어요."

그제야 아라의 말뜻을 알아듣고, 이번엔 내가 한바탕 웃었단다. 먹는 얘기를 하고 나니 갑자기 배가 고파졌어. 나는 아라랑 떡을 나눠 먹으며 라면과 숲이 어떤 상관이 있는지 이야기를 나눴단다.

"라면과 숲은 상관이 없으면 좋겠지만, 사실은 무척 깊은 관련이 있지. 인도네시아 칼리만탄섬에는 오랜 시간 사람의 발길이 닿지 않아서 자연 그대로 보존된 원시림이 있어. 칼리만탄 원시림은 오랑우탄의 서식지이기도 하단다. 그런데 그 숲을 없애려고 사람들이 몰래 불을 지르고 있어."

"숲을 없애려고 몰래 불을 지른다고요?"

아라는 무척 놀란 눈치였어.

"그래. 불이 나서 숲이 사라지면 그 땅을 개발할 수 있기 때문이야."

예전에 오랑우탄 한 마리가 숲을 마구 파헤치는 포클레

인 앞에서 버티고 선 영상을 본 적이 있어. 내 눈에는 그 모습이 '숲을 그냥 내버려 둬!'라고 말하는 것만 같았단다. 어떤 오랑우탄은 나무에서 내려오질 않더구나. 주변 나무들은 모두 잘려 나간 상황인데도 말이야. 너와 함께 살던 이웃들이 다 사라지고 너만 홀로 남았다고 상상해 보렴. 외롭고 두렵지 않을까? 오랑우탄도 비슷한 심정이었을 거야. 환경 활동가들이 오랑우탄을 구조해서 데려가려고 했지만 오랑우탄은 끝내 나무에서 내려오지 않고 그곳에서 죽었단다. 새끼 오랑우탄을 남겨 두고 말이야. 새끼 오랑우탄은 죽은 어미 곁을 떠나려고 하지 않았어. 그 장면이 카메라에 잡혔는데 너무 슬프더라.

내 이야기를 들은 아라의 눈에 눈물이 그렁그렁 차올랐어.

"도대체 사람들은 오랑우탄의 집인 숲에다 뭘 하려는 걸까요?"

"궁금하지? 혹시 팜유라고 들어 봤니? 팜유는 기름야자에서 뽑아낸 기름이야. 팜유는 몰라도 라면을 먹어 보지 않은 사람은 아마 없을 거야. 라면을 튀기는 데 쓰이는 기름이 바로 팜유란다."

"다른 기름도 많은데 왜 굳이 팜유를 써요?"

아라뿐만 아니라 누구라도 궁금할 거야. 식용유, 올리브유, 포도씨유, 유채씨유, 해바라기씨유에 이르기까지 수많은 기름이 있는데 왜 하필 팜유일까? 그건 팜유가 값이 싸고 상온에서 오래 보관할 수 있기 때문이야. 그리고 무엇보다도 팜유로 라면을 튀기면 바삭한 맛을 내기 때문이란다.

팜유는 식품뿐 아니라 치약, 비누, 샴푸, 세제, 화장품에 이르기까지 다양한 물건을 만들 때 쓰여. 계면 활성제라고 들어 봤을 거야. 비누나 샴푸를 만들 때 꼭 필요한 성분인데, 기름때 따위가 물에 잘 씻겨 나가게 해 주지. 예전에는 인공

화합물로 만든 계면 활성제를 주로 썼는데, 그게 인체에 해롭다는 게 알려지면서 천연 계면 활성제에 관심이 집중됐어. 그러다 팜유에 계면 활성 물질이 있다는 사실이 알려지면서 널리 쓰이게 됐지. 팜유가 더 많이 쓰이게 되면서 더 넓은 기름야자 농장이 필요해졌고, 오랫동안 동물들의 집이었던 숲을 불태워 기름야자 농장을 만들게 된 거란다.

팜유를 추출해 만든 계면 활성제를 광고할 때 '땅을 살리고 우리 몸을 살리는 천연 성분'이라는 표현을 쓰곤 하는데, 사실 그건 틀린 말이야. 적어도 땅을 살리진 못하니까. 땅을

살린다는 건 그 땅에 사는 모든 생명이 잘 살 수 있을 때나 쓰는 말이지. 우리가 먹는 음식이나 생활 습관 때문에 세계 곳곳에서 숲이 사라지고 있어. 햄버거도 마찬가지야. 너희가 좋아하는 햄버거 하나를 만드느라 1.5평 정도의 숲이 사라진다고 해.

아라는 1.5평이 얼마나 큰지 가늠이 안 되는 눈치였어. 이리저리 손을 뻗어 보더니 결국 나에게 물어보더라고.

"1.5평이 어느 정도 크기예요?"

"키가 180센티미터인 사람이 손을 위로 쭉 뻗어서 가로, 세로를 만들었을 때 생기는 정사각형 정도의 크기야. 좀 더 정확히는 가로, 세로 각각 2.2미터인 정사각형 크기지."

햄버거에 들어가는 그 얇은 고기 패티 한 장을 만드느라 결코 적지 않은 숲이 사라지고 있어. 고기를 얻기 위한 가축을 키우느라 말이지. 지구에서 사람이 살 수 있는 땅의 50퍼센트가 동물 키우는 데 쓰이고 있어. 남아메리카 아마존 열대 우림의 25퍼센트가 가축이 먹을 사료용 곡물을 재배하는 땅으로 쓰느라 사라졌고. 숲은 지구를 뜨겁게 하는 탄소를 흡수하는 곳이니까, 숲이 사라지는 만큼 탄소를 흡수할 곳도 사라질 테지. 그러니 지구는 해가 갈수록 뜨거워질 수밖에 없어.

"지민이가 무슨 말을 한 건지 이제 이해가 돼요. 저렇게 아름다운 숲이 라면 때문에 샴푸 때문에 또 햄버거 때문에 사라지면 안 될 것 같아요. 저 이제 라면은 한 달에 딱 한 번만 먹고, 햄버거는 안 먹을래요!"

아라가 다부지게 말했어. 과연 그 말을 지킬 수 있을까?

사실 숲이 사라진다는 건 단지 나무만 사라지는 것이 아니야. 뿌리에서부터 꼭대기인 우듬지까지 한 나무에 얼마나

많은 생명이 깃들어 사는지 몰라. 그러니까 나무 한 그루가 잘려 나간다는 것은 거기에 살고 있는 수많은 생물이 함께 사라진다는 뜻이지. 6개월 동안 이어진 오스트레일리아 산불로 코알라가 거의 멸종됐던 것 기억하지? 동물뿐만 아니라 숲에 의지해 살던 지역 주민들의 삶도 뿌리째 뽑혀. 숲에서 식량을 얻고 약재와 땔감까지 구하며 살던 사람들은 어떻게 될까?

역사를 보면 한때 번성했다가 갑자기 사라진 문명이 상당히 많아. 태평양에 거대한 석상을 남긴 이스터섬 문명, 미국 뉴멕시코에 있던 아나사지 문명, 중앙아메리카의 마야 문명들이 그랬지. 이 문명들이 사라진 공통된 이유는 나무를 베고 숲을 없앴기 때문이래. 숲이 사라지자 물이 마르고 결국 사람도 살 수 없는 환경이 되어 버린 거야. 이제 숲이 우리에게 얼마나 중요한지 알겠지? 숲은 동물의 집이라는 사실 또한 잊으면 안 돼.

고기 없는 월요일

'고기 없는 월요일'은 고기 때문에 숲이 사라지는 걸 보고만 있을 수 없던 사람들이 제안했단다. 일주일에 하루만 고기를 안 먹으면 그만큼 고기 생산량을 줄일 수 있다는 생각에서 시작된 운동이지. 영국의 록 밴드 비틀스의 멤버였던 폴 매카트니가 2009년 12월 코펜하겐 기후 변화 협약 당사국 총회 개막에 앞서 열린 토론회에서 기후 변화를 늦출 방법으로 고기 안 먹는 월요일을 제안했어. 갑자기 채식은 못 하더라도 일주일에 단 하루만 육식을 멈춰 보자는 거야. 소나 양과 같은 가축들이 트림을 하거나 방귀를 뀔 때 배출하는 메탄가스가 전 세계 온실가스의 적지 않은 부분을 차지하고, 가축과 가축들이 먹을 사료를 기르기 위해 숲이 파괴되는 등 고기가 기후 변화에 큰 영향을 끼친다는 점에서 이런 제안을 했던 거지. 실제로 소, 닭, 돼지 등을 키우느라 배출되는 온실가스는 지구 전체에서 배출되는 온실가스의 15퍼센트를 차지한단다. 일주일에 하루만 고기를 안 먹으면 물 부족 문제도 해결할 수 있어. 소고기 1킬로그램을 생산하려면 물 2만 리터가 필요한데, 그 물을 절약할 수 있으니 말이야.

2007년에 노벨 평화상을 받은 라젠드라 파차우리는 자동차 사용을 절반으로 줄이는 것보다 고기 소비를 반으로 줄이는 게 기후 변화를 막는 데 더 효과적이라고 했어. 1년 동안 소 한 마리가 내뿜는 메탄가스의 양은 70~120킬로그램인데, 대략 자동차 한 대가 내뿜는 양과 비슷하거든. 고기를 덜 먹어서 고기 생산량이 줄어든다는 것은, 온실가스 배출량을 줄이는 일에 더해서 숲을 지키고 고기가 될 뻔했던 생명까지 지키는 일이야. 일주일에 하루, 충분히 할 수 있겠지? 뭐, 사흘도 가능하다고?

4. 나비의 먹이 식물을 지켜 주세요

네발나비를 만난 반가움에 우리는 연구소로 들어오자마자 나비 도감을 펼쳤어.

"여기에 네발나비의 먹이 식물이 환삼덩굴이라고 적혀 있는데, 환삼덩굴이 어떻게 생긴 식물이에요? 그리고 먹이 식물은 또 뭐고요?"

도감을 찬찬히 살펴보던 아라가 물었어. 역시 아라는 영리한 아이야. 수많은 정보 중에서도 내가 말하고 싶은 것을 쏙쏙 먼저 물어보니 말이야. 나는 식물도감에서 환삼덩굴을 찾아 아라에게 보여 주었어.

"이게 바로 환삼덩굴이란다. 별처럼 생겼지? 이게 예전에는 재미난 장난감이었단다. 내가 어릴 적에는 지금처럼 스마트폰도 없고 게임기도 당연히 없었어. 그러니 우리는 자연에서 구할 수 있는 것들을 가지고 놀았지. 그중 하나가 계급장 놀이였어. 이렇게 환삼덩굴 잎을 뜯어서 가슴에다 붙이고 노는 거야. 누가 오래도록 옷에 붙이고 있나 시합하는 거지. 환삼덩굴 잎 뒷면에는 가시가 있어서 옷에 잘 붙었거든. 귀찮다고 도망가는 친구를 쫓아가서 등에 붙이기도 했어."

"재미있을 거 같아요. 저도 해 보고 싶어요."

"환삼덩굴은 줄기에도 가시가 많아서 살짝 스치기만 해도 긁혀. 긁힌 자리가 붓기도 하니까 조심해야 해."

"가시가 잔뜩 돋은 환삼덩굴을 좋아한다니 네발나비는 입

맛도 참 특이하네요."

　너희는 어떤 음식을 좋아하니? 좋아하는 음식은 입맛에 따라 다 다를 거야. 그리고 나라마다 사람들이 특별히 좋아하는 음식이 따로 있지. 우리나라 사람들은 청국장을 좋아하는데, 서양 사람들은 그 냄새를 못 견뎌하더구나. 프랑스 사람들은 푸른곰팡이가 핀 블루치즈를 굉장히 좋아해. 곰팡이는 보기만 해도 식욕이 사라지는 데다 내 입맛에는 도무지 무슨 맛으로 먹는지 모르겠는데 말이지. 이런 게 바로 문화의 차이일 거야. 사람처럼 곤충도 좋아하는 먹이가 따로 있어. 정해진 식물만 먹이로 삼는다고 해서, 이런 식물을 먹이 식물이라고 부른단다.

　환삼덩굴은 우리나라 어디서든 볼 수 있는 매우 흔한 식물이야. 환삼덩굴이 네발나비의 먹이 식물이니까, 네발나비를 보려면 환삼덩굴 주변을 잘 살피면 돼. 정확히 표현하면 네발나비가 아니라 애벌레가 환삼덩굴을 먹어. 그래서 네발나비는 환삼덩굴 잎에다가 알을 낳는단다. 알에서 나온 애벌레가 환삼덩굴 잎을 먹어야 무럭무럭 자랄 수 있으니까.

먹이 식물이 사라지면 나비도 사라지나요?

마치 한복을 차려입은 것 같은 나비가 있어. 붉은점모시나비라고 들어봤니? 하얀 바탕에 붓으로 그려 넣은 듯한 검은 선과 점이 있고 거기에 드문드문 붉은 점이 찍혀 있는데, 무척 아름다워. 한때 이 나비는 전국에 고루 퍼져 있었어. 그런데 지금은 우리나라뿐만 아니라, 세계적으로도 멸종위기종이란다. 왜 이렇게 되었을까?

아라는 얼른 나비 도감에서 붉은점모시나비를 찾아보더니 되물었어.

"혹시 먹이 식물인 기린초가 사라졌나요?"

"그래, 맞아. 붉은점모시나비의 먹이 식물은 기린초야. 기린초가 자라는 땅이 개발로 사라지거나 오랜 가뭄으로 기린초가 살 수 없는 기후가 되어 버리자, 붉은점모시나비도 같이 사라졌을 거라고 전문가들은 추측해."

먹이 식물이 사라지면서 나비가 사라지는 경우는 이것 말고도 아주 많아. 꼬리명주나비 애벌레는 쥐방울덩굴 잎을 먹는데, 쥐방울덩굴이 자꾸 줄어드는 바람에 같이 사라지고 있대. 사람들은 많은 동식물이 개발로 사라진 뒤에야 뒤늦게 후회를 하곤 하지. 지금이라도 붉은점모시나비처럼 멸종 위기에 처한 동식물을 되살릴 수 있는 환경을 만들려고 애쓰고 있으니 그나마 다행이야.

붉은점모시나비를 보호하려면 우선 먹이 식물인 기린초가 잘 자랄 수 있는 환경을 만들어야 해. 내 친구 중에 강원도에서 붉은점모시나비를 연구하고 보존하는 곤충 박사가 있거든. 5월이 붉은점모시나비를 보기 좋은 시기라고 해서 그 시기에 맞춰 간 적이 있어. 정말 기린초가 자라는 곳에 갔더니, 그 귀한 붉은점모시나비가 팔랑거리며 날아다니고 있었단다. 실제로 보니까 도감에서 보던 것과는 비교가 안 될 만큼 예뻤어.

 그때 찍은 사진을 보여 주니 아라는 한참 홀린 듯 바라보았어. 나는 그때 붉은점모시나비에게 들은 이야기를 들려주었지.

 "기린초를 구하기 힘들어서 우리 숫자가 줄어든 것도 맞아요. 그런데 더 큰 이유가 있어요. 우리는 기온이 낮은 곳을 좋아하는데, 날이 자꾸 더워지니까 더는 버틸 재간이 없어요. 대체 왜 이렇게 자꾸 더워지나요? 요즘 여름은 정말 끔찍해요. 여기 강원도는 다른 곳보다 시원해서 견딜 만했는데, 여기도 점점 더워져서 걱정이에요."

"기후 변화는 사람만 힘들게 하는 게 아니네요."

이야기를 듣던 아라가 한숨을 푹 내쉬었어.

어느 해 여름인가 폭염이 너무 심해서 송이버섯이 거의 자라지 못했다는 얘길 들은 적이 있어. 나비도 버섯도 모두 힘들어하는 걸 보면 알겠지만, 기후 변화는 지구에 사는 모든 생물에게 피해를 준단다. 아름다운 나비를 비롯해 지구에 사는 생물들을 오래 보려면 무엇보다도 에너지 소비를 줄여야 해. 우리가 무심코 쓰는 에너지가 온실가스를 마구 배출하고 있거든.

에너지 소비를 줄이는 것 말고도 기후 변화를 막기 위해 우리가 할 수 있는 일은 많아. 그중에서도 내가 가장 추천하는 방법은 바로 나무를 심고 가꾸는 거란다.

숲은 지구를 뜨겁게 만드는 온실가스를 흡수해. 그냥 존재하는 것만으로도 지구를 시원하게 해 주지. 실제로 숲 바로 옆에 붙어 있는 우리 연구소는 여름에 에어컨을 켜지 않아도 숲에서 불어오는 바람 때문에 시원해. 그래서 숲을 자연 에어컨이라고 부르는 거야. 또 숲은 나비의 먹이식물뿐 아니라 셀 수없이 많은 생명을 품고 있어. 그러니 숲을 지키는 일은 지구에 살고 있는 수많은 생명을 지키는 일이란다.

사라져 가는 먹을거리

기후가 변하면서 나비의 먹이 식물뿐 아니라, 사람들이 즐겨 먹는 농작물들도 사라지고 있어.

단백질이 많아 밭에서 나는 고기라고 불리는 콩은 전 세계 사람들이 즐겨 먹는 농작물이야. 콩을 이용한 식품이 1천 가지도 넘는다고 하지. '가뭄에 콩 나듯'이란 말이 있듯이 가뭄에 강하고 땅을 비옥하게 하는 식물이기도 해. 그런데 이런 콩 수확량이 기후 변화로 줄어들고 있대. 콩은 밤 동안 온도가 서늘하게 유지돼야 잘 자라는데, 밤에도 기온이 떨어지지 않아서 농사짓기가 점점 힘들어진다는구나. 감자나 사과 농사를 짓는 사람들도 시원한 곳을 찾아 점점 위도가 높은 곳으로 올라가고 있어. 더 충격적인 건 우리의 주식인 쌀도 위기에 처해 있다는 사실이야. 벼가 자라는 논은 물이 많이 필요해. 쌀 1킬로그램을 생산하는데 2천 리터 정도의 물이 필요하거든. 그런데 기후 변화로 물이 점점 부족해지고 있으니 벼농사 짓기도 점점 힘들어질 수밖에. 땅이 가물어 사막으로 바뀌는 속도도 빨라지고 있으니 더 말해 뭐 하겠어. 언젠가는 우리나라에서 지금 먹는 곡식이나 채소, 과일을 더는 재배하지 못하는 날이 올 수도 있다는 소리야. 나비들에게 닥친 위기가 머지않아 우리에게 닥칠 위기이기도 한 셈이란다.

5. 제비를 기다려!

겨울이라 연구소 모이대에 다양한 새들이 찾아오고 있어. 추운 겨울은 동물들에게 무척 힘든 계절이거든. 그러니 줘야 하는 모이 양도 점점 많아지고, 종류도 다양해져. 게다가 요새는 겨울에도 눈이 잘 내리지 않아 가뭄이 심하니, 물그릇도 신경 써서 챙겨 줘야 해. 요즘엔 특히 참새들이 자주 오더라고. 어제도 스무 마리가 넘게 왔는데, 오늘은 더 많이 온 것 같아.

"참새가 유난히 많네요. 이 근처에 참새 집이 있나?"

집에서 챙겨 온 음식을 모이대에 놓으며 아라가 말했어.

"그러게. 참새들 사이에서 연구소에 가면 먹을 게 있다는 소문이 돌았나 봐."

참새도 봄부터 가을까지는 자연에서 먹이를 쉽게 찾을 수 있어. 하지만 날이 추워지면 먹이를 구하기가 어려워서 사람이 사는 집 주변으로 몰려들지. 먹이도 쉽게 얻을 수 있고, 추위도 피할 수 있으니까 말이야. '참새 방앗간'이라는 말 들어본 적 있지? 추운 겨울, 참새가 볍씨를 구하기 쉬운 방앗간으로 몰려들어 시끄럽게 구는 것에서 비롯된 말이야. 참새는 무리를 지어 겨울을 나기 때문에 더 자주 눈에 띄기도 할 거야.

"어쩐지. 다른 새 소리는 하나도 안 들리고 참새 소리만 들리는 이유가 있었네요. 저렇게 수가 많으니까요."

"겨울이라 참새가 모여 있어서 많아 보이기도 하지만, 요즘 참새 수가 이전보다 늘어서 그런 걸 수도 있어."

"참새 수가 늘었다고요? 그럼 참새 수가 줄었던 적도 있어요?"

새에 관심이 많은 마루는 깜짝 놀란 눈치였어.

참새는 잡식성이라서 아무 거나 잘 먹지만, 그래도 곤충을 가장 좋아하지. 그런데 농사를 지을 때 살충제나 제초제 같은 농약을 많이 쓰면서, 참새의 먹이였던 곤충도 많이 사라졌어. 먹이를 구하기 힘들어지자, 참새도 점차 그 수가 줄어들었지. 그런데 요즘 친환경 농법이 널리 퍼져 나가면서, 농약을 쓰지 않는 곳이 점점 늘어나고 있어. 그 덕분에 참새 먹이도 늘어났고, 참새 수도 자연스럽게 늘어난 거란다.

"참새는 길을 가다 보면 쉽게 볼 수 있어서 줄었는지도 몰랐어요. 그래도 다시 늘어나고 있다니 정말 다행이에요."

마루가 모이대 주변에 모여 있는 참새를 따뜻한 눈길로

바라보며 말했어.

"그런데 참새뿐만 아니라 제비도 요즘 수가 늘고 있단다."

"우리 할머니가 요즘은 제비를 보기 어렵다고 하셨는데요?"

아라 할머니 말도 틀린 게 아니야. 한동안 제비를 보는 게 하늘의 별 따기나 다름없었으니까. 2000년에는 서울시에서 제비를 보호종으로 지정했고, 2006년에는 문화재청에서 천연기념물로 지정하려고까지 했지. 제비 수가 줄어든 이유는 참새와 비슷해. 무엇보다도 먹이인 벌레가 줄었기 때문이야. 주거 형태가 아파트로 바뀌면서 집을 지을 처마가 사라진 것도 문제였지. 제비는 주로 진흙을 가지고 집을 짓는데, 논과 밭이 줄어들면서 진흙을 구하기 어려워진 것도 영향이 있었고.

"그런데 제비가 다시 늘어나고 있다고요?"

아라가 눈이 동그래져서 물었어.

그래, 제비가 다시 돌아오고 있단다. 돌아온 이유도 참새와 비슷해. 우선은 살충제나 제초제 같은 농약 사용이 줄면서 제비가 먹이를 찾기 쉬워졌어. 동네마다 하천을 정비하고 깨끗하게 유지하려 애쓰니, 제비가 집을 지을 진흙도 쉽게 구할 수 있게 되었지. 여러 모로 제비가 살아가기 좋은 환경이 된 셈이야. 제비가 환경 변화에 빨리 적응하는 동물인 점도 한몫을 했어. 요즘 제비들은 콘크리트 건물이나 다리에도 집을 짓는단다.

"그러고 보니 저 얼마 전에 슈퍼에서 제비 집을 봤어요! 둥지만 있어서 긴가민가했는데, 역시 제비 집이 맞았어요! 소장님, 슈퍼면 사람들이 많이 왔다 갔다 하는 곳인데, 왜 하필 그런 곳에다가 둥지를 틀었을까요?"

역시 새를 좋아하는 마루는 제비 집이 어떻게 생겼는지도 잘 아나 봐.

"제비는 사람이 살지 않는 빈집에는 둥지를 거의 짓지 않아."

"왜요? 보통 새들은 사람이 가까이 가면 달아나지 않나요? 연구소 마당에 모여드는 새들도 우리가 근처에 가면 다 날아가 버리잖아요."

아라가 궁금한 얼굴로 나를 쳐다보았어.

사람이 사는 곳에는 천적이 접근할 수 없어서 그렇단다. 제비는 곡식을 먹지 않고 파리나 모기 같은 날벌레를 먹어서 예부터 사람들의 사랑을 받았어. 사람은 제비를 보호해 주고, 제비는 사람에게 도움을 주는 서로에게 좋은 관계인 거지. 제비는 재활용을 잘하는 친환경적인 새이기도 해. 한번 집을 지으면 몇 년이고 계속 같은 곳으로 날아오거든.

"동고비도 딱따구리 둥지에 진흙을 발라서 재활용하던데! 제비도 둥지를 재활용하는지는 몰랐어요."

마루는 아빠랑 새 보러 자주 다닌다더니 새에 대해 아는 게 정말 많은 것 같아.

"그런데 제비는 언제쯤 오나요?"

아라는 제비가 당장 보고 싶은 모양이야.

강남 갔던 제비가 돌아온다는 말도 있듯이, 벚꽃 피듯 아래 지방에서부터 제비 소식이 올라와. 남부 지방에서는 3월 중순부터 제비를 볼 수 있단다. 이제 겨울이 다 지나갔으니 조만간 제비를 볼 수 있을 거야. 집 근처에 강이나 개울이 있다면 너희 집에도 제비가 둥지를 틀지 모르니 기대해 봐.

겨울새 급식소, 새 모이대 만들기

겨울은 동물들에게 유독 힘든 계절이야. 무엇보다도 먹을 게 부족하니까. 게다가 요즘엔 기후 변화 때문에 겨울에 눈도 잘 내리지 않고 가물어서 동물들이 물을 구하는 데도 어려움이 많아.

집에 여유 공간이 있다면 새들을 위한 모이대를 만들어 보는 건 어떨까? 아파트 베란다 바깥쪽도 괜찮아. 새들에게 필요한 먹이와 물을 줄 수 있고, 가까이에서 새를 관찰할 수도 있으니까 일석이조잖아. 만드는 방법은 무척 간단하단다.

준비물: 우유갑(1리터) 혹은 페트병 1개, 나무젓가락 1개, 새 모이대를 매달 수 있는 끈, 송곳, 칼, 새에게 줄 음식

1. 우유갑을 깨끗이 씻고 완벽하게 말려. 완벽하게 말리지 않고 음식을 넣으면 음식이 상할 수 있어.
2. 우유갑을 칼로 잘라서 직사각형 구멍을 만들어. 이때 우유갑 아래 3센티미터는 남겨 두고, 구멍의 윗부분은 자르지 말아야 해. 남은 부분을 차양처럼 만들어서 비가 들이치지 않게 해 줘야 하거든. 차양이 너무 길면 새들이 모이 먹는 데 불편하니까 차양의 길이는 적당히 조절하는 게 좋겠지?

*칼이나 송곳을 사용할 때는 다치지 않도록 조심해야 해! 이 부분만 어른에게 부탁해도 좋아.

3. 우유갑 아래 3센티미터 남겨 둔 부분 있지? 거기 가운데에 나무젓가락이 들어갈 만한 구멍을 뚫고, 나무젓가락을 꽂아. 새들이 앉아서 모이를 먹을 수 있도록 말이야.

4. 우유갑 안에 새가 먹을 모이를 넣어. 모이는 쌀이나 잡곡도 좋고, 견과류를 넣어도 좋아. 단, 조미가 되지 않은 견과류여야 해.

5. 이제 적당한 위치에 모이대를 매달면 끝! 바람이 불면 모이대가 날아갈 수 있으니 단단히 고정해 두도록 해.

1. 생태 통로, 함께 살아요!

 한 10분쯤 걸으니 조용하던 산에서 시끄러운 차 소리가 들리기 시작했어. 점점 커지는 차 소리를 따라 조금 더 걸어 들어가 보니 개구리, 두꺼비, 고라니까지 모두 모여 웅성거리고 있더구나. 가장 먼저 나를 알아본 고라니가 반가워하며 맞아 주었어. 그런데 개구리와 두꺼비의 낯빛이 좋지 않은 거야.
 "다들 겨울잠에서 무사히 깨어나 다행이구나. 그런데 길이 사라졌다니, 그게 무슨 소리야?"
 "지난가을, 도로 공사하는 소리가 너무 시끄러워서 연구소 뒷산에 와서 겨울잠을 잤어요. 그런데 봄이 되어 계곡에 알을 낳으러 가려고 보니까, 우리가 다니던 길이 사라졌더라고요. 도로를 만들면서 산을 마구 잘라 놓은 거예요. 새로 난 도로는 차가 하도 쌩쌩 다녀서 지나갈 수가 없었어요. 소장님이라면 무언가 해결책을 아실 것 같아서……."

개구리가 말끝을 흐렸어.

내가 미안해서 어쩔 줄 몰라 하는데, 두꺼비가 불쑥 끼어들었어.

"저것 보세요. 성질 급한 친구 몇몇이 서둘러 도로를 건너다가 그만……."

두꺼비는 말을 더 잇지 못하고 도로 위를 가리키며 꺽꺽 울었어.

이렇게 도로를 건너던 동물이 차에 치여 죽는 것을 로드킬이라고 해. 한 해 30만 마리가 넘는 동물이 로드킬로 목숨을 잃고 있지.

개구리와 두꺼비는 빨리 어떻게 좀 해 달라는 눈빛으로 내 얼굴만 쳐다보고 있었어. 나는 당장 이곳 도로를 담당하는 기관에 전화를 걸었어.

"안녕하세요? 여기 봉봉산 까치계곡 근처인데요. 여기 얼마 전에 도로가 개통되었나 봐요? 그런데 동물들은 어떻게 이동하라고 생태 통로도 없이 도로만 덜렁 만들어 놓으셨어요! 혹시 여기 와 보셨어요? 지금 두꺼비며 개구리가 알을 낳으러 계곡으로 내려가야 하는데, 도로 때문에 길이 죄 끊겼어요."

담당자는 그렇지 않아도 생태 통로를 만들 예정이라고 말하더라고. 지금 봄이고 개구리와 두꺼비는 당장 알을 낳으러 가야 하는데, 만들 예정이면 어떡하자는 건지. 나는 담당자가 이곳 사정을 제대로 알아야 할 것 같아서, 전화를 끊자마자 도로 위에 널브러진 개구리와 두꺼비 사체를 찍어서 보냈어.

내가 씩씩거리며 통화하는 모습을 숨죽이며 지켜보던 개구리가 물었어.

"이제 저희가 다닐 길이 만들어지는 건가요? 생태 통로라고 얼핏 들은 거 같은데. 그게 저희가 다닐 길 맞죠?"

"그래, 맞아. 생태 통로는 너희같이 도로가 나면서 길을 잃은 동물들을 위해 만든 길이야. 도로 위에 산과 연결하는 다리를 놓거나 도로 아래에 굴을 파기도 하지."

산을 깎거나 잘라 내고 도로를 놓을 때는 반드시 동물들이 이동할 수 있는 생태 통로를 만들어 줘야 해. 그런데 자동차가 다니는 길만 먼저 생각하니까, 이런 안타까운 일이 계속 벌어지는 거야. 도로를 만들기 전에 생태 통로부터 먼저 만들어야 하는 거 아닐까? 도로는 그저 우리의 편리를 위해 만드는 거지만, 동물들은 생존을 위해 이동하는 거니까 말이야.

우리가 얘기하는 내내 옆에서 개구리와 두꺼비를 위로하던 다람쥐가 조심스레 입을 뗐어.

"소장님, 우리 길도 만들어 달라고 얘기해 주세요."

"너희는 나무 위로 다니면 되는 거 아니야?"

"도로가 너무 넓어서 건널 수가 없어요. 중간에 도로가 생겨서 나무가 다 사라졌잖아요."

얘길 듣고 보니 그랬어. 해마다 가장 많이 차에 치여 죽는 포유류가 다람쥐라는 게 이제야 이해됐어. 조용히 듣고 있던 고라니도 한마디 거들었어.

"자동차들은 제발 속력을 줄이고 천천히 다녔으면 좋겠어요. 천천히 다니면 우리가 도로 위에 나타나도 멈춰 설 수 있잖아요. 그리고 밤에는 안 다녔으면 좋겠어요. 밤에 갑자기 밝은 자동차 불빛을 보면, 우리는 순간적으로 눈이 멀어 버리거든요. 자동차와 마주쳐도 주변이 하나도 안 보여 움직일 수가 없어요."

고라니 얘길 들으니까 우리가 반성해야 할 점이 한둘이 아니라는 생각이 들었어.

이제 자동차는 없어서는 안 될 물건이 되어 버렸어. 주말이나 휴가철에 자동차를 타고 가다 길이 막혔던 경험들 많을 거야. 자동차가 한꺼번에 몰리니까 그런 거지. 그래서 사람들은 도로를 또 만들고 넓혀. 그런데 자동차를 타고 달리는 사람의 입장이 아니라, 동물의 입장에서 생각해 보면 어떨까? 도로는 동물들이 사는 공간을 자꾸자꾸 조각내. 먹이를 구하고 알을 낳기 위해, 동물들은 목숨을 걸고 도로 위를 지나다닐 수밖에 없어.

오늘 동물들의 고민을 듣고 보니, 새삼 생태 통로가 정말 중요하다는 생각이 들었어. 실제로 생태 통로를 만들고 나서 로드킬로 희생되는 동물이 줄었다는 곳이 많아. 도로를 모두 없앨 수는 없는 일이지만, 동물들과 더불어 살아가기 위한 최소한의 배려가 바로 생태 통로가 아닐까 싶어.

사실 생태 통로도 동물들에게 충분히 만족스러운 것은 아니란다. 동물들이 글씨를 읽을 수 있는 것도 아니고, 어떻게 그리로만 다닐 수 있겠어. 그래도 없는 것보단 나으니까 만들어 놓긴 해야겠지.

우리 뒷산에 생태 통로를 만들 때 혹시라도 다람쥐를 위한 생태 통로를 잊을까 봐 담당자에게 한 번 더 부탁했단다. 한 달 쯤 후에 다람쥐를 산길에서 만났는데, 자기들을 위한 생태 통로가 생겼다며 무척 고마워했어. 그러면서 가을이 되면 나에게 도토리 일곱 알을 선물로 주겠대. 양 볼에 가득 담으면 일곱 개까지 가져올 수 있다나.

다양한 생태 통로

사람들의 편의를 위해 만드는 도로나 댐은 동물이 다니는 길을 막아 생존을 위협하는 일이 적지 않단다. 최근에는 이런 피해를 줄이기 위해 다양한 형태의 생태 통로가 만들어지고 있어.

자동차가 다니는 도로 주변에는 도로 아래에 터널을 만들어 동물들이 이동할 수 있도록 돕는 터널형 생태 통로와 도로 위에 육교처럼 만든 육교형 생태 통로가 있어.

하늘다람쥐를 보호하기 위한 생태 통로도 있어. 20미터 정도는 날아서 이동할 수 있지만 높이 날지 못하는 하늘다람쥐를 위해 도로 양측에 기둥을 설치한 거지.

강에 댐이나 수중보를 만들면 물의 흐름을 가로막아 물고기의 이동을 방해해. 수중형 생태 통로는 댐이나 수중보 때문에 갈 길이 막힌 물고기에게 길을 열어 준단다.

터널형 생태 통로

육교형 생태 통로

기둥형 생태 통로

수중형 생태 통로

로드킬 예방법

  1. 천천히 운전하기: 천천히 운전하면 갑자기 동물이 튀어나와도 대처할 시간이 생겨.

  2. 가장자리 운전은 피하기: 동물들은 주로 숲에서 나오니까, 도로 중앙에서 운전하면 동물을 발견하더라도 멈추기까지 시간을 벌 수 있겠지?

  3. 동물을 발견하면 전조등 끄고 경적 울리기: 불빛이 환하면 동물이 순간 시력을 잃어서 차로 뛰어들 수 있어. 불을 끈 뒤 경적을 울려서 위험하다는 걸 알려 줘야 해.

  4. 동물과 충돌했더라도 핸들 돌리지 않기: 핸들을 돌리면 더 큰 사고로 이어질 수 있어.

  5. 로드킬 당한 동물을 봤다면 신고하기: 차가 다니는 도로에서는 2차 사고로 이어질 수 있어. 120 또는 128로 신고하자.

2. 참새의 하소연

　봄은 새들의 노랫소리를 가장 많이 들을 수 있는 계절이란다. 날씨가 따뜻해지면 새끼 새를 키우기 좋거든. 그래서 짝짓기를 하려고, 봄이면 새들이 아름다운 소리로 노래를 해. 노래는 주로 수컷이 하는데, 암컷의 마음을 얻으려고 노래에 얼마나 공을 들이는지 몰라. 특히 새벽에 새들이 지저귀는 소리를 한번 들어 보렴. 정말 아름답단다. 오늘도 새소리를 좀 더 크게 들으려고 연구소 창문을 열었더니, 누군가 나를 부르더라고.

　"안녕하세요, 고래똥 소장님?"

　소리 나는 쪽으로 돌아보니, 참새 한 마리가 연구소 창문 옆 모이대 위에 앉아 있었어.

　"어, 좋은 아침!"

"연구소에 드나드는 새들이 많아서 누가 누군지 잘 모르시지요? 저는 저 아랫동네에 사는 참새예요. 소장님께서 날마다 모이를 챙겨 주신 덕분에 지난겨울을 잘 났어요."

"어머나, 그랬구나. 참새야, 반가워."

그렇지 않아도 봄이 가까워 오면서 발길이 뜸해진 새들의 안부가 궁금하던 차였어. 박새나 참새처럼 몸집이 작은 새들은 추운 겨울이면 곧잘 얼어 죽기도 하거든. 연구소에 드나들던 참새가 아무 탈 없이 겨울을 잘 났다니 정말 다행이지 뭐야.

"얼마 전에 알에서 예쁜 새끼 다섯 마리가 나와서, 요즘 먹이를 물어다 주느라 무척 바빠요. 하루에도 수백 번 왔다 갔다 하자면 날개가 빠질 것 같지만, 하루가 다르게 아가들이 자라는 모습을 보면 힘든 것도 까맣게 잊는다니까요."

새끼들을 키우느라 하루에 수백 번씩 먹이를 물어 나른다니 작은 참새가 얼마나 힘들까 싶기도 하고 대견하기도 했어. 둥지 위치를 물어볼까 하다 참았지. 왜냐하면 새끼를 기르는 동안 어미 새는 보안에 엄청 신경을 쓰거든. 새끼들은 아직 날지도 못하는데, 행여 누군가 새끼들을 노리기라도 하면 안 되잖아. 그래서 둥지가 누군가에게 노출되었다는 걸 알아차리는 순간, 아예 둥지를 버리고 떠나기도 한단다. 내가 이런저런 생각을 하고 있는데, 참새가 걱정이 가득한 눈을 하고 말을 이어 갔어.

"그런데 소장님, 요즘 도로에 차가 늘어나서 걱정이 이만저만 아니에요. 차가 쌩쌩 달리면서 내는 시끄러운 소리 때문에 우리 아가들 소리를 들을 수가 없거든요. 제가 새끼들 소리를 못 듣는 건 그나마 괜찮아요. 둥지 위치를 아니까요. 그런데 우리 아가들이 제가 근처에 갈 때만 짹짹거려야 하는데, 자동차 소리를 듣고도 짹짹거리는 거 같더라고요. 자동차 소음 때문에 헷갈리는 것 같아요."

"그 정도로 시끄러운 거야?"

"네, 둥지를 지을 때까지는 도로에 차가 다니지 않아서 조용했어요. 그런데 도로에 자동차가 다니기 시작하면서 너무 시끄러워졌어요. 소음 때문에 아가들을 잘 키울 수 있을지 걱정이에요. 조용하던 동네에 왜 갑자기 큰 도로가 생긴 걸

까요?"

참새가 말한 도로는 지난겨울에 완공되어서 봄부터 차가 다니고 있어. 그전에는 우리 동네가 굉장히 조용했거든. 숲이 있어서 공기도 좋았어. 그런데 도로 앞에 사는 사람들 얘기를 들어 보니, 도로가 생기고부터 하루 종일 들리는 자동차 소리 때문에 창문을 열어놓기가 힘들대. 봄이 와도 전처럼 새소리를 들을 수 없다고도 했어.

그나저나 새끼 새들이 시도 때도 없이 지저귀는 것은 진짜 큰일이야. 지저귀는 소리는 새끼와 어미가 서로 소통하는 수단이거든. 원래 새끼 새들은 천적의 공격을 받을 수 있으니 평소엔 조용히 있다가, 어미가 먹이를 물고 둥지 가까이 가면 막 지저귀기 시작해. 새끼들은 아직 제대로 날 수 없으니까, 그렇게 자신을 보호하는 거지. 그런데 소음 때문에 어미 소리와 천적 소리를 구분하지 못하고 계속 지저귄다면 그만큼 위험에 처할 확률도 높아져.

"요즘 잠깐만 둥지를 떠나 있어도 우리 아가들에게 무슨 일이 생기진 않았을까 걱정부터 돼요. 저 얼른 둥지로 돌아가야겠어요. 소장님, 다시 한번 감사해요. 다음엔 우리 아가들을 데리고 올게요."

"그래, 조심히 돌아가. 다음에 또 보자."

어미 참새는 서둘러 둥지로 날아갔어.

소음은 새들이 짝짓기할 때부터 문제가 돼. 캐나다 앨버타주는 곳곳에서 원유를 뽑아 올리는 작업을 하느라 무척 시끄럽거든. 이렇게 시끄러운 곳에서 새들은 어떻게 짝짓기를 하는지 궁금했던 과학자들이 그곳에 사는 사바나 참새를 대상으로 연구를 했어. 현재까지 밝혀진 바로는 참새들이 상대 새에게 자기 존재를 알리기 위해 노래하는 방식을 바꾸었다고 해. 시끄러운 소리에 자기 노래가 묻히지 않게 아주 복잡한 방식으로 음역대를 바꾸어 가며 노래를 부르고 있다는 거야. 상대방 귀에 들리도록 그렇게까지 해야 한다니, 참새들도 참 고단하겠다 싶어.

소음은 어떤 생물에게든 스트레스를 줘. 너희도 시끄러운 곳에서 신경이 예민해졌던 적이 있을 거야. 특히 새들은 주로 소리로 소통하는지라 주변이 시끄러우면 스트레스가 무척 심할 테지. 프랑스 국립과학연구소에서 교통 소음이 있는 곳에서 나고 자란 참새와 조용한 지역에서 나고 자란 참새를 비교 분석해 보았대. 그 결과, 교통 소음이 있는 곳에서 사는 참새가 조용한 곳에서 사는 참새보다 수명이 짧았다고 해. 그뿐만 아니라 부화하는 새끼의 수도 적고, 크기도 작았대. 사람도 교통 소음에 오랜 시간 노출되면 사망률이 높아지고 뇌졸중의 위험도 커져. 그러니까 소음은 사람이나 새 모두에게 나쁜 영향을 끼친다는 얘기지.

　여름이 가까워 올 무렵, 연구소 마당으로 참새 떼가 날아들었어. 마당에 있는 모이대에 전날 먹다 남긴 밥을 물에 헹궈 내놨거든. 그걸 먹으러 온 거야. 그런데 어떤 참새는 자기가 먹지 않고 계속 입을 벌리며 다른 참새에게 쩍쩍거리기만 하더라고. 왜 저러나 하고 살펴봤더니…… 어머나, 부리가 샛노란 거야! 어미 참새가 새끼 참새를 데리고 온 거였어. 정신없이 새끼를 거둬 먹이던 어미 참새가 날 보더니 반색을 했어. 지난번에 새끼들을 데리고 인사 오겠다던 그 참새였지. 어찌나 반가웠는지 몰라. 이제 새끼 새들이 날 수 있

을 정도로 자라서 먹이 활동하는 걸 가르치는 중이래.

　자동차가 다니면서 내는 소리를 줄일 수 없을까? 아무리 궁리해도 이 문제는 나 혼자서 풀 수가 없을 것 같아. 이건 너희가 나에게 방법을 좀 알려 줬으면 해.

참새가 곡식만 축내는 해로운 새라고?

가을이면 논에 있는 곡식을 훔쳐 먹는 해로운 새로 오해받고 있지만, 사실 참새는 우리에게 굉장히 이로운 새야. 이걸 몰라서 곤혹을 치른 인물이 두 명 있단다.

1960년대 중국에서는 마오쩌둥이라는 사람이 권력을 잡고 있었는데, 이 사람이 중국 사회에 해로운 네 가지를 없애자는 '제사해운동'을 펼쳤어. 그 네 가지가 뭐냐면 쥐, 모기, 파리, 그리고 참새였지. 참새는 곡식을 먹어 치운다고 해로운 동물로 취급되었어. 참새를 모조리 잡아들인 뒤 곡식 수확량이 늘어났을까? 그렇지 않아. 참새는 농사에 피해를 주는 진딧물과 해충을 잡아먹는데 참새가 사라지니 병충해가 걷잡을 수 없이 퍼졌어. 결국 흉년이 들었지. 그래서 다시 참새를 보호하기 시작했단다.

1744년 프로이센에서는 프리드리히 국왕이 자신이 좋아하는 체리를 먹는 참새를 모두 잡아들이게 했어. 백성들에게 참새를 잡아 머리만 가져오게 했는데, 만약 할당량을 채우지 못하면 세금을 더 내게 했단다. 이렇게 참새를 잡아들이기 시작하고 2년이 지나자 해충이 엄청나게 늘어났어. 벚나무에도 해충이 번져 아예 잎이 돋아나지 않았지. 뒤늦게 참새의 중요성을 깨달은 프리드리히 국왕은 참새를 보호하게 했단다.

어때? 참새가 우리에게 얼마나 이로운 새인지 이제 알겠지? 이 글을 읽고도 참새가 이로운 동물이라는 걸 모르는 사람들은 대체 어떻게 해야 할까?

3. 흙이 건강해야 우리도 건강해

우리 연구소 마당처럼 흙이 있는 곳에서는 비 오는 날이면 지렁이를 많이 볼 수 있어. 지렁이는 햇빛을 싫어해서 땅속에서 생활하는데, 비가 오면 빗물이 땅속으로 스며들어 숨을 쉴 수가 없거든. 그래서 땅 위로 올라오는 거야.

"땅속에 지렁이 말고도 얼마나 많은 생명이 살고 있는지 궁금해요."

아라가 지렁이를 열심히 관찰하더니 다른 땅속 생물들도 궁금해졌나 봐.

"땅속에 사는 생물은 생각보다 많아. 지렁이, 매미 애벌레, 톡토기, 노래기, 공벌레, 쥐며느리, 응애, 굼벵이, 곰팡이⋯⋯ 이름 없는 미생물까지 포함하면 그 숫자가 어마어마할 거야."

"와, 소장님 이야기를 들으니 흙이 마치 작은 우주 같네요. 온갖 생물들이 다 살고 있으니 말이에요."

마루가 멋진 이야기를 했어. 그래, 맞아. 우리 눈에 띄지 않으니까 흙을 봐도 그저 흙이라고 생각하기 쉬워. 그런데 흙 속에는 정말 많은 생물이 살고 있어. 오죽하면 기름진 흙을 한 삽 퍼 보면, 아마존 열대 우림에 사는 생물 종을 전부 합친 것보다 많은 종이 있다고 하겠니?

그런데 흙 속에 사는 생물들은 흙을 집으로만 삼지 않아. 흙에 있는 오염 물질을 분해하는 생물도 있고, 흙을 만드는 생물, 흙 속을 쉴 새 없이 돌아다니며 땅을 일구는 생물도 있지. 아까 우리가 본 지렁이가 이 모든 일을 하는 대표적인 생물이야.

지렁이는 동물의 똥이나 썩은 나뭇잎을 즐겨 먹는데, 이것들은 흙에 흡수되지 않아. 지렁이가 똥이나 썩은 나뭇잎을 분해해서, 그 속에 있던 영양분을 흙이 흡수할 수 있게 해 주지. 지렁이는 쉴 새 없이 돌아다니면서 먹이를 구하는데 이때 길이 만들어져. 이 길로 생물들이 숨을 쉴 수 있는 공기가 통하고, 비가 오면 빗물이 들어와. 빗물은 식물에 요긴하게 쓰이지. 지렁이가 뱉은 배설물도 흙 건강에 도움을 준단다. 그래서 찰스 다윈은 지렁이를 40년 동안 연구한 끝에 '지구에서 가장 가치 있는 생물은 지렁이'라고 했대.

톡토기, 노래기, 공벌레, 쥐며느리, 응애 같은 다른 땅속 생물들에게도 흙은 삶터이자 먹이터야. 이 생물들이 낙엽, 곰팡이, 세균, 죽은 식물을 먹어 치우고 유기물이 많은 배설물을 내놓아 흙을 기름지게 만든단다.

"와, 정말 어마어마하군요."

마루가 감탄했어.

"그런데 이렇게 많은 생물이 땅속에 사는데, 가뭄이 오랜 시간 계속된다면 어떻게 될까?"

내가 묻자 아라가 대답했어.

"지난여름에 지렁이들이 떼로 나와 말라 죽었다는 뉴스를 본 적이 있어요."

아라는 뉴스도 잘 챙겨 보는 모양이야.

"지렁이가 떼로? 비도 안 오는데 왜 바깥으로 나온 거야?"

마루가 물었어. 오늘 처음 비 오는 날 지렁이가 땅 위로 나온다는 사실을 알게 된 마루는 비가 오지 않는 날에도 지렁이가 땅 위로 나온다는 소리를 들으니 좀 혼란스러운가 봐.

그 지렁이들은 땅속이 메말라서 물을 찾으려고 나온 걸 거야. 기후가 변한다는 것은 이런 거야. 아무리 가물어도 수도꼭지에서 물이 콸콸 나오니까, 우리는 좀처럼 가뭄을 실감하지 못하지. 그런데 동물이나 식물은 힘든 시간을 보내고 있었던 거야. 그리고 결국엔 우리도 힘들어지겠지.

마루가 모처럼 질문다운 질문을 하더구나. 당연히 해롭지. 그런데 소독약은 땅속 생물에게만 해로운 게 아니라, 그곳에 사는 사람에게도 해로워. 흙이 마르면서 흙에 섞여 있

던 소독약 성분이 바람에 날려 우리 코나 입으로 들어올 수도 있거든.

"그러니까 농약이든 살충제든 함부로 뿌려 대면 절대로 안 될 것 같아요."

아라가 중요한 말을 했어. 흙은 우리에게 정말 중요하거든. 우리가 먹는 모든 음식은 알고 보면 다 흙에서 나와. 소나 돼지, 닭이 먹는 사료의 원료도 모두 농사를 통해 얻지. 그러니 흙이 오염되면 우리의 먹을거리도 오염되는 거야.

그렇다면 흙은 왜 오염될까? 여러 이유가 있겠지. 방금 아라가 말한 것처럼 농사를 지을 때 농약이나 살충제를 쓰면서 오염되기도 하고, 오염 물질을 제대로 처리하지 않고 버려서 오염되기도 해. 쓰레기를 아무 데나 버려도 흙이 오염돼. 버려진 플라스틱 쓰레기는 햇빛이나 바람에 의해 잘게 쪼개지면서 미세 플라스틱이 되거든. 이미 지구 곳곳은 미세 플라스틱으로 오염되어 있어.

흙 1센티미터가 쌓이는데 200년의 시간이 걸린다고 해. 그런데 오염되는 건 정말 순식간이지. 흙이 병들거나 사라진다면 지구에 어떤 생명이 살아남을 수 있을까?

아라가 진지한 얼굴로 물었어. 일단은 농약을 치지 않고 흙을 살리면서 가꾼 농산물을 먹는 거지. 조금 비싸고 조금

못생겼더라도 말이야. 우리가 할 수 있는 가장 손쉬운 방법이 또 있어. 바로 쓰레기를 제대로 처리하는 거야. 분리배출을 제대로 하고, 길거리에 쓰레기를 함부로 버리지 않는 거지. 아니, 더 중요한 것은 쓰레기가 남지 않도록 포장이 많은 물건은 되도록 사지 않는 거야. 쓰레기는 결국 흙을 오염시킬 테니까.

"그렇게만 해도 흙을 지킬 수 있어요?"

아라가 눈을 반짝이며 궁금해했어.

"그럼, 농약이나 비료를 쓰지 않고 흙을 살리면서 농사를 지어도 잘 팔리면 점점 그렇게 바뀌지 않을까?"

"엄마에게 꼭 전할게요."

마루는 이 말을 남기고 서둘러 집으로 달려갔어. 성질도 참 급하지.

"나무와 풀이 충분히 물을 마실 수 있도록 비가 흠뻑 왔으면 좋겠구나."

나는 아라에게 가만히 속삭였어.

지렁이로 음식물 쓰레기 처리하기

지렁이가 동물의 똥이나 썩은 나뭇잎을 즐겨 먹는다고 했잖아. 그런데 지렁이는 음식물 쓰레기도 잘 먹어. 그래서 환경을 생각하는 사람들은 지렁이를 활용해서 음식물 쓰레기를 처리하고 있어. 너도 지렁이로 음식물 쓰레기를 없애고 싶다고? 방법을 알려 줄게.

1. 지렁이가 지낼 상자를 준비해.

지렁이는 피부로 호흡을 하니깐 꽉 막힌 상자는 안 돼. 나무 상자가 가장 좋은데 플라스틱이나 스티로폼 상자도 괜찮아. 단, 플라스틱이나 스티로폼 상자에 키우려면 지렁이가 숨을 쉴 수 있는 구멍을 만들어 줘야 해. 상자 위에 모기장 같은 촘촘한 망을 씌우는 것도 잊지 마. 그래야 지렁이가 상자에서 빠져나오는 것이나 여름에 파리가 알을 낳는 걸 막을 수 있어.

2. 알맞은 곳에 지렁이 상자 두기

지렁이는 빛을 싫어한다고 했잖아. 그러니까 빛이 들어오지 않는 곳에 상자를 두는 것이 중요해. 베란다 구석이나 창고 같이 그늘진 곳에 놓으면 가장 좋아. 지렁이는 0도에서 35도의 환경에서 잘 살거든. 그러니까 온도도 신경 써 줘.

3. 흙의 습도 유지해 주기

지렁이가 살려면 흙이 축축해야 해. 한 달에 한 번 정도 수분을 충분히 주고 흙을 뒤집어 줘.

4. 지렁이에게 음식 주기

지렁이는 단맛이 나는 음식을 좋아해. 특히 과일이나 채소를 아주 좋아하지. 달걀 껍데기, 해초류, 종이도 좋아하고. 그런데 과일이라고 다 좋아하진 않아.

귤, 오렌지, 바나나 껍질처럼 농약이 묻어 있는 건 싫어해. 인스턴트식품은 물론이고, 염분이 있거나 자극적인 음식도 싫어하지. 염분이 있는 음식은 물로 씻어서 주면 잘 먹어.

지렁이는 이가 없어서 딱딱한 것은 먹기 힘들어. 그러니 음식물을 잘게 잘라서 주면 더 좋겠지? 지렁이에게 음식물을 너무 자주 줄 필요는 없어. 일주일에 한 번 정도면 적당해. 그리고 잊지 말아야 할 것은 음식물을 준 다음 반드시 상자를 덮어야 한다는 점이야. 그래야 곰팡이와 벌레가 꼬이는 걸 막을 수 있어.

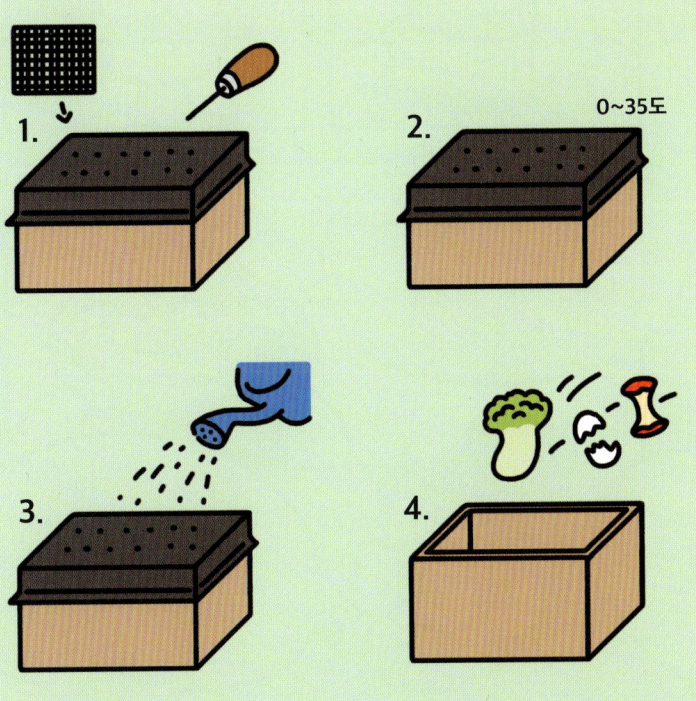

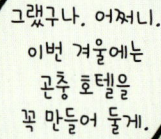

4. 벌이 사라지면 우리도 사라져

"소장님, 큰일 났어요."

연구소 문을 벌컥 열고 마루가 뛰어 들어오며 말했어.

"아이, 깜짝이야! 또 무슨 큰일? 쟤는 맨날 큰일이래."

아라가 살짝 눈을 흘겼어.

"이번엔 진짜 큰일이야. 소장님, 벌이 사라지고 있대요."

"거봐. 세상 사람들이 이미 다 알고 있는 하나도 안 큰일이네, 뭐."

마루의 말에 아라가 혀를 끌끌 찼어.

"세상 사람들이 이미 다 알고 있어도 벌이 사라지는 건 정말 큰일이야."

나는 슬쩍 마루 편을 들어 줬어.

"거봐, 내 말이 맞지!"

안 그래도 얼마 전 호박벌이 찾아와 살기 힘들다고 하소연하고 가서 걱정이 이만저만 아니었는데 마루도 벌 이야기를 하네. 그런데 벌이 사라지는 게 왜 큰일일까? 단지 꿀을 먹을 수 없기 때문만은 아니야. 벌은 생태계에서 아주 중요한 역할을 하거든. 벌이 이 꽃 저 꽃에 앉으면서 꽃가루를 묻히고 다녀야 식물들이 열매를 맺어. 전 세계 사람들이 주로 먹는 농작물의 70퍼센트가 벌이 꽃가루를 옮겨 준 덕분에 열매를 맺거든. 벌과 같은 매개 곤충이 사라지면 과일이나 견과류 같은 열매 생산량은 23퍼센트, 채소 생산량은 16퍼센트가량 줄어들 거래. 그에 따라 전 세계에서 한 해 140만 명 이상이 굶주려서 사망할 수 있다는 연구 결과도 있어.

벌이 사라지는 이유를 정확하게 알 수는 없어. 다만 세 가지 정도로 추측되고 있지. 하나는 전자파 때문이야. 우리가 쓰는 전자 제품에서 나오는 전자파가 벌의 신경계를 어지럽혀서 방향 감각을 잃게 만든다고 해. 꿀벌은 나무와 꽃 사이를 날아다니며 꽃가루를 얻은 다음 집으로 돌아와 꿀을 만드는데, 방향 감각을 잃으면 집으로 돌아올 수 없는 거지. 두 번째는 기상 이변 때문으로 추측돼. 연구소에 찾아온 호박벌이 말해 준 것처럼 날이 너무 덥거나 추우면 벌도 살기가 힘들거든. 꿀벌은 추운 겨울을 버티지 못해 개체 수가 줄어들고, 호박벌은 알을 낳는 여왕벌의 개체 수가 줄어들었다는 연구 결과가 발표되기도 했어. 마지막은 아라가 짐작했듯이 살충제 때문이야. 살충제에 들어 있는 네오니코티노이드 성분은 중독성이 있어. 네오니코티노이드에 노출된 벌은 약에 취해 방향 감각을 잃고 이리저리 헤매다 죽음을 맞이하게 되지. 네오니코티노이드가 벌에게 안 좋은 영향을 끼친다는 연구 결과가 계속해서 발표되자 독일, 프랑스와 같은 나라가 속한 유럽 연합에서는 네오니코티노이드가 든 농약 사용을

금지했어. 그런데 우리나라에서는 우리 몸에 덜 해롭다며 친환경 살충제로 사용 중이야.

봄이 한창일 때 산에 가면 애벌레가 정말 많아. 나무가 막 잎사귀를 내밀고 자라기 시작하는 때에 맞춰서 곤충의 애벌레도 많이 생기거든. 애벌레가 무한정 많아지면 숲에 나무가 다 사라질지도 몰라. 새가 없다면 말이야! 그러니 새가 숲에서 얼마나 중요한지 몰라. 여기서도 문제는 살충제야. 농촌에서는 농약을 치고 아파트에는 수목 소독을 하잖아. 숲에 사는 나무에 병충해가 생기면 헬기로 약을 뿌리기도 해. 그렇게 되면 당장은 잎을 갉아 먹는 애벌레가 사라져 좋을지 모르지만 새들은 어떻게 될까?

"우리 아파트에서도 얼마 전에 약 친다고 창문을 닫으라는 방송이 나왔어요."

아라가 걱정스러운 얼굴로 말했어.

사실 세상에 없어져야 할 곤충은 없단다. 해충과 익충은 순전히 사람들이 만들어 놓은 기준이야. 자연에 있는 생물들은 서로 먹고 먹히며 서로에게 영향을 끼치며 살아가거든. 그걸 생명의 그물이라고도 해.

"모든 생명이 그물처럼 서로서로 촘촘하게 연결되어 있다는 뜻이죠?"

아라는 한마디만 해도 그냥 척 알아들어.

"너희에게 보여 줄 게 있어. 짜잔."

"이게 뭐예요? 장식품인가?"

바로 곤충 호텔이야. 살충제를 피해서 달아난 곤충들이 머물 곳이 필요하다는 생각에서 시작되었지. 도시가 커지면서 곤충들이 살아갈 공간이 계속 줄어들고 있거든. 따뜻한 배려지? 유럽에서는 곤충들이 추운 계절을 잘 날 수 있도록 이런 곤충 호텔을 만들어 겨우내 정원에 두는 사람들도 꽤 있어.

"소장님, 우리도 만들어요."

성질 급한 마루가 먼저 소매를 걷어붙였어.

"그럴까? 겨울이 오기 전에 만들어 보자. 몇 개 만들어서 연구소 여기저기 둬도 좋겠다, 그치?"

곤충 호텔이 모든 문제를 해결할 수는 없겠지만, 일단 곤충들이 어려움을 견딜 시간은 벌 수 있을 거야. 그렇다면 벌이 사라지는 것을 막기 위해 우리는 무엇을 할 수 있을까? 우선 농약을 치지 않은 과일을 먹는 거야. 그런 과일을 원하는 사람들이 많아지면 농약을 사용하는 농가가 줄어들 테니까. 그리고 전기를 절약하는 거야. 지구는 온실가스 때문에 점점 더워지고 있어. 그런데 전기를 만들고 쓸 때 온실가스가 가장 많이 배출된다고 해. 그러니까 우리가 전기를 절약하면 벌이 사라지는 것을 막을 수 있어.

곤충 호텔은 어떻게 만들어요?

곤충 호텔은 아주 간단하게 만들 수 있어. 버리는 나무 상자에 작은 나뭇가지나 낙엽, 솔방울처럼 자연에서 구할 수 있는 다양한 것들을 넣고 마당이나 화분 근처에 놓아두면 완성! 크기나 모양에 상관없이 사정에 따라 만들면 돼.

곤충 호텔에 여러 곤충이 와서 쉴 수 있어야 하니까 여러 곤충이 좋아하는 다양한 재료를 채우면 좋아. 짚이나 썩은 나무토막 같은 게 있다면 곤충들이 아주 좋아하겠지? 가장 중요한 점은 추운 겨울을 잘 지낼 수 있는 곳, 그리고 농약 같은 살충제의 위협에서 먼 곳이어야 한다는 거지.

곤충 호텔을 만든 첫해에는 찾아오는 곤충 손님이 적을 수도 있어. 그렇다고 실망하지 말고 열심히 곤충들에게 소문을 내 보렴. 어떻게 소문을 내냐고? 글쎄?

5. 흰수마자야, 돌아오렴

　내성천은 상류에서부터 내려온 모래가 쌓이고 또 일부는 흘러가는 강이야. 그래서 내성천을 모래가 흐르는 강이라고 해. 내성천을 만나기 전까지 강은 깊고 넓고 물만 흐르는 곳이라 생각했거든. 그런데 내성천이 내 생각을 바꿔 놓았어. 내성천에는 강으로 흘러든 모래가 쌓여서 이루어진 모래톱이 많은데, 똑같은 모습이 하나도 없어. 구불구불 물이 흐르는 방향에 따라 모래톱이 만들어지기 때문이야. 그러니까 내성천 모래톱은 물이 빚은 조각품이라고 할 수 있어.

　"그런데 강에 저렇게 모래가 많이 쌓이면 안 좋은 거 아니에요?"

　아라가 궁금해했어.

　"와, 아라 질문 날카로운데? 그런데 그렇지 않아. 모래는 금보다도 훨씬 귀한 역할을 한단다."

"아니 금보다 귀하다니요?"

"내성천 바닥에는 모래가 깊이 쌓여 있는데, 그게 정수기 필터 역할을 하거든. 상류에서 더러운 물질이 강에 섞여 들어온다 해도 두꺼운 모래층이 걸러 주지. 또 모래층 깊은 곳에 물이 저장되어 있어서, 내성천 주변 마을은 늘 물이 풍부하단다. 게다가 내성천에는 흰수마자가 살아!"

"흰…… 뭐라고요?"

둘이 동시에 외쳤어.

"흰수마자!"

"처음 들어보는데, 동물이에요?"

아라가 물었어.

흰수마자를 아는 사람은 정말 드물 거야. 우리나라에만 사는 고유종인데, 입 주변의 수염이 흰색이라서 '흰 수염이 난 민물고기'라는 뜻의 흰수마자라는 이름이 붙었어. 바닥에 모래가 1미터 이상 쌓여 있고, 깊이는 1미터 이내인 여울진 강에만 살지. 그중에서도 비교적 물 흐름이 느린 곳에 말이야. 사는 곳이 꽤나 까다롭지? 흰수마자는 모래 속에서 대부분의 시간을 보내다가 먹이를 찾을 때만 모래 밖으로 나와. 그러다 위험하다고 느끼면 금세 모래 속으로 쏙 들어가지. 모래 속을 파고 들어가서는 눈만 모래 밖으로 내민 채 숨을 쉰단다. 그러니 흰수마자가 살려면 모래가 꼭 있어야 해. 모래가 흐르는 내성천은 흰수마자가 살기에 최적의 조건이지. 흰수마자는 내성천을 대표하는 깃대종이기도 해. 깃대종이란 생태계의 여러 생물 종 가운데 특히 중요해서 보호할 필요가 있다고 여기는 생물 종을 일컫는 말이란다.

"소장님, 저 내성천에 가 보고 싶어요."

아니나 다를까, 성질 급한 마루가 나를 졸랐어.

"저도 내성천에 가 보고 싶어요, 소장님. 우리 가요."

아라도 거들고 나섰어. 좀체 어딜 가자고 보채는 아라가 아닌데 말이지.

"내성천에는 왜?"

"왜긴요. 흰수마자를 보고 싶으니까요!"

아라와 마루가 입을 모아 말했어.

"햇빛이 비치면 금으로 변하는 모래톱도 밟고 싶고요."

아라가 덧붙였어.

내성천이 사람들에게 알려지게 된 것은 우리나라에서 제일 큰 강 네 개에 22조 원이나 들어가는 큰 공사를 하면서였어. 강바닥에 있는 모래를 퍼 올리고, 강폭을 넓고 반듯하게 만드는 공사였지. 또 물을 가둬 두고 쓰려고 곳곳에 보도 설치했어. 그런데 이 공사를 하고 첫 여름이 되자, 강이 초록색으로 변하면서 물이 썩어 갔어. 물이 흐르지 못하고 고여 있으니까 물속에 영양분이 너무 많아져서, 식물 플랑크톤의 일종인 남조류가 마구 불어난 탓이었지. 그러자 도대체 강에서 어떤 일이 벌어지고 있는지를 확인하려고 사람들이 찾아왔어. 그러다 내성천의 아름다움이 사람들 눈에 들어온 거야. 내성천은 우리나라는 말할 것도 없고 외국에서조차 드문 모래 강이거든.

그런데 내성천 상류에 영주댐을 짓자 물 흐름이 바뀌기 시작했어. 상류에서 모래가 내려오지 않고 강바닥과 모래톱에 쌓여 있던 모래도 계속 쓸려가기만 했지. 모래가 줄어드니 그 아름다운 모래톱이 하나둘 자갈밭으로 바뀌어 갔어. 자갈밭에는 풀이 듬성듬성 돋아났고. 이런 현상을 '육화'라고 하는데, 강이 육지로 바뀌는 것을 말해. 그뿐인 줄 아니? 모래가 담고 있던 물도 줄어서, 농사는커녕 사람들에게 필요한 물조차 부족해지기 시작했어. 이렇게 변한 강에 흰수마자가 살 수 있겠니?

"네에?"

두 아이가 또 동시에 소리쳤어.

"그럼 흰수마자가 사라졌다는 건가요?"

마루가 눈이 둥그레져서 물었지.

"미안하지만 그렇게 확인되었어."

"우리는 아직 흰수마자를 만난 적도 없는데요?"

얼굴이 벌게진 마루가 말했어. 아라 눈에는 벌써 눈물이 그렁그렁 맺히기 시작했단다.

"흰수마자를 다시 돌아오게 할 방법은 없나요?"

눈물을 닦고 아라가 침착하게 물었어.

"금강에도 흰수마자가 살았는데, 4대강 사업으로 사라졌었어. 그런데 금강에 설치된 세종보를 없애니 흰수마자가 나타났어. 그것도 다섯 마리나! 물의 흐름이 빨라지자 강바닥에 모래가 드러나면서 나타난 거야."

"와! 정말 다행이에요!"

두 아이는 환호성을 질렀어.

흰수마자를 다시 돌아오게 하려면 사람이 만들어 놓은 보를 없애고 자연스레 물이 흐르도록 되돌려 놓아야 해. 금강이든 내성천이든 말이야.

외국에서는 예전에 지었던 댐과 보를 허물고 있어. 강을 다시 자연 상태로 되돌리는 거야. 우리도 더 늦기 전에 강의 흐름을 방해하는 보나 댐을 허물어야 하지 않을까?

"강을 자연 상태로 되돌리려면 어떻게 해야 해요?"

"엄마 아빠가 투표할 때 지금 당장 인간에게 이익이 되는 방향으로 자연을 뜯어고치려는 사람들에게 표를 주면 안 된다고 얘기하렴."

"알겠어요. 또 다른 흰수마자가 생겨나지 않도록 우리가 지킬 거예요."

아라가 힘주어 말했어. 그 모습을 보니 한편으로는 든든하면서 또 한편으로는 미안한 마음이 들더구나.

강을 깨끗이 하는 것은 우리를 지키는 일

　강은 우리 삶에서 더없이 중요해. 생존에 가장 필요한 식수를 주고, 농사를 지을 물도 주거든. 그래서 세계 4대 문명도 모두 강을 중심으로 발생했단다.
　서울을 가로지르는 한강의 발원지는 강원도 태백에 있는 검룡소야. 그리 크지 않은 못인데, 거기서 시작된 물이 강원도를 지나 서울로 흘러들어 한강이 돼. 한강은 다시 흘러서 서해로 나아간단다. 숲과 바다를 이어 주는 게 바로 강인 셈이지. 그러니까 우선 강이 깨끗해야 바다도 깨끗할 수 있어.
　낙동강 상류인 경상북도 봉화에는 석포 제련소가 있어. 제련소는 용광로에서 광석을 녹여서 그 안에 든 금속을 분리하는 곳이지. 그런데 그곳에서 유해 물질을 제대로 처리하지 않고 강으로 흘려보내는 바람에 강에 살던 물고기가 떼로 죽는 일이 자꾸 벌어지고 있어. 오염된 물로 농사를 짓는다고 생각해 봐. 거기서 수확한 농산물 또한 오염되겠지? 그렇기 때문에 오염 물질이 강으로 흘러 들어가지 않도록 해야 해.
　요즘 바다가 해양 쓰레기로 몸살을 앓고 있어. 그 쓰레기들은 강에서 바다로 온 거라고 해. 강가에 쓰레기를 버리지 않는 것은 강을 깨끗이 하는 일일 뿐만 아니라 바다를 지키는 일이야. 그리고 결국 우리를 지키는 일이란다.

3. 여름

1. 전기를 절약하면 북극곰을 살릴 수 있어

연구소로 들어오던 마루 주머니에서 부르르 소리가 났어. 거의 동시에 내 휴대폰에서도 진동이 울렸지. 폭염 경보를 알리는 문자야. 이제 한여름 폭염 문자는 일상이 되어 버린 것 같아. 그런데 생각해 보면 우리는 에어컨이나 선풍기라도 있으니까 더위도 견딜 수 있지만, 에어컨도 없이 야생에 사는 동물들은 이 더위에 어떻게 지낼까?

덩치 큰 북극곰이 조그만 얼음 위에 쪼그리고 있는 사진을 본 적 있을 거야. 우리가 폭염으로 힘들어할 때 북극곰은 사느냐 죽느냐 하는 기로에 놓여 있어. 북극은 기후 변화로 세계 평균보다 두 배나 빠르게 기온이 오르고 있거든.

"북극 기온이 오르면 북극곰에게는 어떤 피해가 생겨요?"

내 얘기를 들은 뒤 연구소 컴퓨터로 북극곰 사진을 열심히 찾아보던 마루가 물었어.

북극곰이 사는 북극은 몹시 춥잖아. 그런 추위를 견디려면 무엇보다도 잘 먹어야 해. 그래서 북극곰은 깨어 있는 시간 대부분을 먹이 사냥에 쓴단다. 주된 먹잇감이 바다표범이나 바닷새, 물고기이다 보니 물속에서 헤엄치는 시간이 많지. 수영을 배워 본 사람은 알겠지만, 수영할 때는 많은 에너지가 필요해서 중간중간 쉬어 줘야 해. 그런데 북극 기온이 올라가면서 북극곰이 쉴 수 있는 해빙이 줄어들고 있어. 심지어 쉴 곳을 찾지 못해 물에 빠져 죽는 일도 일어나고 있대. 그것만이 아니야. 북극 바다가 더워지면 가장 먼저 플랑크톤 수가 줄어들고, 물고기 수가 줄어들고, 뒤이어 바닷새나 바다표범도 줄어든단다.

"그럼 북극곰이 굶을 수밖에 없잖아요?"

마루 말대로 자연에서 사는 동물들은 먹잇감이 줄어들면 굶을 수밖에 없어. 굶주림은 결국 죽음으로 이어지지. 실제로 노르웨이 최북단 스발바르 제도에서는 뼈가 앙상하게 드러난 북극곰이 발견되곤 해. 우리가 아는 그 북극곰이라고는

도저히 상상할 수 없는 모습이지.

"쓰레기장을 뒤지고 있는 북극곰을 뉴스에서 본 적 있어요. 얼마나 돌아다녔는지 발바닥이 새까맣더라고요."

"그래, 나도 봤어. 제대로 먹지 못하니 새끼도 덜 낳게 되고, 그러다 보니 북극곰 숫자가 자꾸 줄어드는 거야. 2008년 미국에서는 북극곰을 멸종 위기종으로 지정하기도 했어."

"아, 어떡해요. 멸종되면 이제 영영 볼 수 없는 거잖아요. 멸종 위기종으로 정하고 보호한다고 해도 지구가 계속 더워지면 아무 소용없는 일 아닌가요?"

지구의 기후는 늘 변해 왔어. 빙하기도 있고 간빙기도 있었지. 오랜 시간에 걸쳐 이런 변화가 일어나면 생물들은 그 변화에 적응할 수 있어. 그렇지만 지금 우리 지구의 평균 기온은 100년 사이에 1도 가까이 올랐어. 자연스러운 현상은 1만 년에 5도 정도 오르는 거라고 하니까 엄청나게 빨리 변하고 있는 거지. 그래서 걱정이야.

지구가 빠르게 더워지는 데 발맞춰서 생물들도 빠르게 적응하면 문제 될 게 없지만 그렇지가 않단다. 동물의 경우에 원래 살던 곳이 더워지면 시원한 곳을 찾아 이동해야 하는데, 사는 곳만 바꾼다고 문제가 해결되지는 않아. 새로운 환경에서 먹이를 찾는 일은 쉽지가 않거든. 누구나 먹어야 사는데 말이야. 그래서 기온이 빠르게 오르거나 내리는 일은 생물들이 살아가는 데 엄청난 위협이 된단다. 특히나 환경이 빠르게 변하면 살던 곳에 계속 살기도 어려울뿐더러 다른 곳으로 옮겨 가기도 어려워. 오도 가도 못한다는 표현이 바로 이런 게 아닌가 싶어. 동물만이 아니야. 아무리 폭염 경보가 내려도 나가서 일하지 않으면 먹고 살길이 막막한 사람들, 환경이 열악한 곳에 사는 사람들은 그 피해를 고스란히 감당할 수밖에 없단다. 너무나 안타까운 일이야.

마루가 몰라서 묻는 건 아닐 거야. 지구가 더워지는 원인이야 누구나 다 알지. 온실가스가 문제라는 사실 말이야. 그렇다면 온실가스는 어디서 가장 많이 나올까?

"자동차요."

마루는 내 말이 채 끝나기도 전에 자신 있게 대답했어.

"자동차에서도 많이 배출되긴 하지만, 전기를 만들 때 가장 많이 배출된다고 전에 내가 한번 얘기했는데……."

"네에? 전기를 만들 때라고요?"

마루는 처음 듣는다는 듯 몹시 놀라는 눈치였어.

우리나라에서 쓰는 전기는 주로 화력 발전소에서 만들어. 화력 발전소에서 가장 많이 쓰는 에너지원은 석탄인데, 석탄을 태우면 이산화 탄소가 엄청나게 나온단다. 이산화 탄소가 온실가스 중 하나란 건 알고 있지? 그 결과 우리나라는 전 세계에서 온실가스를 일곱 번째로 많이 배출하는 나라가 되었어. 1인당 배출하는 온실가스의 양은 4등이고 말이야. 석탄 화력 발전소는 온실가스뿐만 아니라 미세 먼지도 많이 배출해. 전기를 많이 쓰면 기후 변화와 미세 먼지, 두 가지 문제가 다 생긴단다.

"세상에! 역시 전기가 문제였군요. 그렇지 않아도 엄마 따라 카페에 가거나 지하철을 타면 처음엔 시원한데 조금만 지나도 추워져서 전기를 너무 낭비하는 게 아닌가 싶었어요. 우리 엄마 말이 여름엔 꼭 긴팔 카디건을 가지고 다녀야 한대요. 한여름에 긴팔 옷을 입어야 할 정도로 에어컨을 틀어 대니까 온실가스가 많이 배출되는 거 아닌가요?"

마루랑 정신없이 이야기를 나누는 사이에 아라가 소리도 없이 들어와 끼어들었어.

"그래, 아라 말이 맞아. 에어컨을 켠 채로 문을 열고 장사하는 가게도 많아. 가게 앞을 지나가면 서늘할 정도지. 우리가 여름을 시원하게 지내려고 이렇게 에너지를 낭비하는 동안 북극곰이 사는 북극의 얼음은 빠르게 사라지고 있는데 말이야."

"그렇다고 전기를 안 쓸 수는 없잖아요."

마루가 걱정스러운 얼굴로 얘기했어.

나도 전기를 쓰지 말자는 건 아니야. 그런데 우리나라는 지난 20년 동안 굉장히 빠른 속도로 전력 사용량이 늘어나고 있어. 다른 나라들은 점차 전력 사용량을 줄여 가고 있는데 말이야. 유럽의 몇몇 나라들은 조만간 석탄 화력 발전소를 아예 없앨 예정이라고 해. 재생 에너지, 그러니까 태양 에너지나 풍력, 수력, 조력, 지열 따위를 이용하는 방향으로 옮겨 가고 있거든. 재생 에너지는 탄소 배출을 하지 않아서 청정에너지라고도 불리지.

"우리나라도 얼른 재생 에너지를 많이 썼으면 좋겠어요. 일단 전기를 절약하는 게 우리가 할 수 있는 일이겠네요. 북극곰을 오래오래 보기 위해서요."

마루의 말에 아라와 나는 동시에 "빙고!"를 외쳤어.

아라는 북극곰을 오래오래 보기 위해 전기 절약하는 방법 열 가지를 적어서 아파트 엘리베이터에 붙일 거래. 너희도 한번 실천해 보는 건 어때?

전기를 절약하는 열 가지 방법

1. 사용하지 않는 전기 제품 플러그 뽑기
2. 여름철 실내 온도 26도로 유지하기
3. 겨울철 실내 온도 20도로 유지하고 내복 입기
4. 창틈 같은 곳으로 열이 새어 나가지 않도록 단열하기
5. 전기밥솥 대신 가스 압력솥 사용하기
6. 빨래는 모아서 하기
7. 자기 전이나 외출하기 전에 인터넷 공유기 끄기
8. 에너지 등급이 높은 전자 제품 사기
9. 에어컨 필터를 주기적으로 청소하기
10. 실외기에 볕이 들지 않도록 가리기

2. 아기 새에게 플라스틱을 먹인다고?

"와, 바다다!"

아라와 마루네 학교가 여름 방학을 하자마자, 셋이 시간을 맞춰서 바다로 놀러 갔어. 바닷가에 도착하자 아이들은 바다 쪽으로 달려가기 바빴어. 하지만 내 눈에는 여기저기 나뒹구는 쓰레기들이 먼저 들어왔어. 사람들이 버리고 간 1회용 컵이며 과자 봉지, 폭죽 따위가 어지럽게 널려 있었거든. 버려진 낚시 도구도 곳곳에 있었어. 내 생각인지는 몰라도 작년보다 쓰레기가 더 많아진 것 같았지.

"소장님, 저기 보세요! 파도가 일렁일 때마다 까만 비닐봉지가 나타났다 사라졌다 해요."

마루가 소리쳤어. 정말 비닐봉지가 파도타기 하듯 바다 위를 떠다니고 있었어. 바닷속에는 훨씬 더 많은 쓰레기가 떠다닐 테고, 바다 밑으로 가라앉은 쓰레기들도 많을 거야. 바다 쓰레기는 육지에서 떠밀려 간 것도 있고, 고기잡이하는 어선에서 버린 것도 있어.

"마루야, 우리 바닷가로 올라온 고래가 없는지 찾아보자. 그런 고래가 보이면 얼른 구조해야 해. 쓰레기가 저렇게 많으니 고래들이 무사할지 걱정이네."

아라가 그 모습을 보더니 다급하게 말했어.

요새 고래가 바닷가로 떠밀려 왔다는 뉴스가 심심찮게 나오잖아. 대개는 이미 죽었거나 죽을 만큼 지친 고래들이지. 고래는 지구상에 사는 가장 큰 포유동물이기 때문에 고래가 죽었다면 왜 죽었는지 반드시 밝혀내야 해. 지구 환경이 갑자기 달라져서 적응을 못해 죽었다면 뭔가 조치를 취해야 하니까. 그런데 얼마 전 태국에서 고래가 죽은 이유를 알아내려고 배를 갈랐더니, 위와 장에서 비닐봉지가 자그마치 8킬로그램이나 나왔대.

"고래 배 속에서 나온 물건을 죽 늘어놨는데 마치 쓰레기장 같았어요."

아라도 그 고래 사진을 본 모양이야.

"그래, 내 눈에도 마치 쓰레기장을 옮겨 놓은 것처럼 보였어. 페트병이며 비닐봉지, 입던 옷, 더 놀라운 건 바닷가에서 신던 슬리퍼가 나온 거였어. 정말 온갖 쓰레기들이 다 들어 있더구나."

"그렇게 많은 쓰레기를 몸에 담고 있으면 고래도 힘들지 않을까요?"

발로 근처에 있는 쓰레기를 모으던 마루가 물었어.

"왜 안 힘들겠니? 배 속에 쓰레기가 가득 차 있으니까, 속이 더부룩해서 먹이를 먹을 수도 없겠지."

"그럼 어떡해요?"

마루가 묻자 아라가 말했어.

"그거야 너무 뻔한 거 아니니? 굶어 죽는 거지."

그런데 쓰레기 때문에 죽는 건 고래만이 아니란다. 앨버트로스라는 새가 있어. 북태평양 미드웨이섬에 사는 바닷새지. 그런데 이 새들이 죽어가고 있단다. 앨버트로스의 주검을 본 사람들은 큰 충격을 받았어. 앨버트로스 배 속에 플라스틱 병뚜껑, 칫솔, 라이터 따위가 가득 차 있었거든.

"그래. 어미 새가 바닷물 위에 떠 있는 플라스틱 쓰레기들을 먹이로 착각하고 새끼 새에게 먹인 거야. 영양가 없는 플라스틱을 받아먹은 어린 새들이 결국 굶어 죽은 거지."

"아니, 어미 새가 왜 그런 바보 같은 짓을 한 거예요?"

아라는 깜짝 놀란 눈치였어. 앨버트로스가 바보라서 그런 짓을 한 게 아니야. 플라스틱에서 나는 냄새가 식물성 플랑크톤이 썩을 때 나는 냄새랑 굉장히 비슷하대. 그래서 새들이 플라스틱을 먹이로 착각하는 거지. 앨버트로스가 좋아하는 오징어알이 물에 떠 있는 플라스틱에 달라붙어, 새들이 플라스틱까지 한꺼번에 삼키는 경우도 많아. 먹이 대신 플라스틱으로 배를 채운 앨버트로스는 고래처럼 먹이를 먹지 않고 천천히 굶어 죽는 거지. 날카로운 플라스틱은 식도와 장에 구멍을 내기도 해. 그러니까 플라스틱 쓰레기가 바다로 쓸려 가지 않도록 해야 해.

우리가 버린 플라스틱 쓰레기 때문에 바닷새나 고래 같은 해양 생물들이 피해를 입지만, 결국 그 피해는 고스란히 우리에게 되돌아온단다. 바다를 떠돌던 플라스틱은 잘게 쪼개져 미세 플라스틱이 되거든. 그걸 동물성 플랑크톤이 먹고, 동물성 플랑크톤을 작은 물고기가 먹고, 작은 물고기를 큰 물고기가 먹는 식으로 먹이 그물을 타고 올라가다 보면 결국 우리 인간의 몸에 이르게 된단다. 이미 남극과 북극, 에베레스트산 꼭대기까지 미세 플라스틱이 발견되지 않는 곳이 없어. 지하수에도 흙에도 공기에도 미세 플라스틱이 섞여 있다고 해. 한 사람이 일주일에 5그램, 그러니까 신용카드 한 장 무게의 미세 플라스틱을 섭취하고 있다는 보고도 있어. 충격이지? 자, 그럼 우리는 이제 어떻게 해야 할까?

"이 이야기를 친구들에게 알려 주고 쓰레기를 줄이도록 노력할 거예요!"

아라와 마루는 이렇게 약속했어. 너희도 약속한다고? 그래, 좋아!

플라스틱 줄이기

우리가 먹고 입고 쓰는 물건은 거의 다 포장이 되어 있어. 포장재의 대부분은 종이나 플라스틱이지. 비닐도 플라스틱의 일종이거든. 썩지 않는 플라스틱은 큰 골칫거리이기 때문에 우리는 환경을 위해 플라스틱 쓰레기를 줄여야 해. 그렇다면 어떻게 플라스틱 쓰레기를 줄일 수 있을까?

가장 좋은 방법은 되도록 물건을 새로 사지 않는 거야. 그렇지만 꼭 필요한 물건은 안 살 수가 없잖아. 그럼 일단 플라스틱으로 만들어진 물건 중에 덜 필요한 것부터 빼 보면 어떨까? 음료수를 마실 때 빨대가 꼭 필요할까? 생수나 음료수를 꼭 사 마셔야 할까? 빨대를 쓰지 않고 물병에 물을 담아서 다니는 것만으로도 플라스틱 쓰레기를 엄청나게 줄일 수 있거든.

꼭 사야 하는 물건이라면 작은 포장 여러 개로 된 것보다는 큰 포장 하나로 된 것을 사면 어떨까? 또 플라스틱을 대체할 물건이 있다면 그것을 선택하는 거야. 옷도 이왕이면 합성 섬유보다는 천연 섬유로 된 걸 입는 게 좋아. 합성 섬유도 플라스틱의 일종이고, 세탁할 때마다 미세 플라스틱이 나오거든. 안 입으면 환경에도 피부 건강에도 훨씬 좋겠지? 문구류도 예쁘다고 새로 사기보다는 친구들과 서로 싫증 난 물건을 바꿔 쓰는 '아나바다'를 실천해 봐. 어때, 할 수 있지?

3. 니모네 집을 뺏지 마!

"〈니모를 찾아서〉를 보고 싶어요. 흰동가리를 몰랐을 땐 누군가가 상상해서 그린 물고기인 줄 알았어요. 오렌지색 바탕에 희고 검은 줄무늬라니, 딱 만화 캐릭터 같잖아요."

마루처럼 흰동가리에 관심이 생긴 친구가 많을 거 같은데? 흰동가리는 생긴 것만큼 사는 방식도 꽤나 독특해. 말미잘 촉수에서 살거든. 말미잘은 촉수에 독을 지니고 있어서, 가까이 다가가는 물고기에게 독을 쏘아 마비시켜. 그런데 흰동가리는 말미잘의 촉수에 살아도 안전하단다. 왜냐하면 흰동가리 몸에는 점액질로 된 보호막이 있거든. 그래서 말미잘의 독이 전혀 위험하지 않아. 흰동가리가 물고기를 유인해 오면 말미잘은 그걸 낚시해서 먹고, 흰동가리는 말미잘의 보호를 받으면서 안전하게 지낸단다. 이런 걸 공생 관계라고 해. 서로 도움을 주고받으며 산다는 뜻이야. 둘 모두에게 이로운 거지.

말미잘과 비슷한 해양 생물로는 산호가 있단다. 산호는 말미잘과 마찬가지로 한 자리에 붙어사는 탓에 예전에는 식물이나 광물이라 여겼지만 사실은 동물이야. 산호들이 서로 달라붙어 무리를 이룬 걸 산호초라고 부르지. 산호초는 주로 열대와 아열대 기후의 얕은 바다에서 볼 수 있는데, 우리나라에서는 제주도 남쪽 서귀포 쪽에서 볼 수 있단다.

산호초가 자라는 곳은 물이 깨끗하고, 햇볕이 잘 들고, 해류가 잘 흐르는 곳이야. 이런 곳은 산소와 먹잇감이 풍부하게 마련이거든. 산호초는 이런 환경에 힘입어 '바다의 열대우림'이라고 불릴 정도로 풍부한 생태계를 이루고 있어. 전 세계 바다에서 산호초가 차지하는 면적은 0.1퍼센트도 안 되지만 전 세계 해양 생물의 25퍼센트가 살고 있을 정도지.

"살기 좋은 조건을 갖추고 있어서 그렇게나 많은 생물이 사나 봐요."

맞아. 전 세계에 2500종이 넘는 산호가 있다고 해. 굉장히 다양하지? 그 덕분에 산호초는 알록달록 아름다워. 이렇게 아름다운 산호초는 바다 생태와 지구 환경에도 매우 중요한 역할을 한단다. 우선 산호초가 빙 둘러쳐져 있으면 쓰나미 피해를 줄일 수 있어. 그리고 이게 정말 중요한 역할인데, 산호의 기본 단위인 폴립 속에 광합성을 하는 조류(뿌리, 줄기, 잎이 구별되지 않고 포자에 의하여 번식하며 꽃이 피지 않는 식물. 물속에 살면서 엽록소로 광합성을 한다)가 살고 있단다. 광합성이 뭔지는 너희도 알지?

"네, 햇빛과 이산화 탄소와 물로 양분을 만드는 거요."

진지하게 내 말을 듣던 마루가 대답했지.

그래, 맞아. 산호 속에 사는 조류가 대기 중의 이산화 탄소를 흡수하고 산소를 만들어 내놓아. 그러니 산호초가 늘어난다는 것은 그만큼 이산화 탄소가 줄어든다는 뜻이야. 가뜩이나 이산화 탄소 증가로 지구가 뜨거워지고 있는데, 산호초가 풍부해지면 지구 기온이 내려가는 데 큰 도움이 되겠지? 그런데 이렇게 중요한 산호초가 사라지고 있어. 세계에서 산호초가 가장 많은 지역이 오스트레일리아와 카리브해 주변인데, 이곳의 산호초가 상당히 많이 사라졌대.

아이고 깜짝이야. 마루가 하도 크게 소리를 질러서 귀가 다 먹먹하네. 이렇게 중요한 역할을 하는 산호초가 사라진다니 놀랄 만도 하지.

산호초가 사라지는 이유는 크게 두 가지야. 첫째는 육지에서 흘러나오는 오염 물질 탓이야. 산호는 육지와 가까운 얕은 바다에 산다고 했잖아. 그러니 오염 물질의 피해를 입기가 쉽지. 둘째는 기후 변화로 바닷물 온도가 올라간 탓이야. 산호에 붙어사는 조류는 온도 변화에 무척 민감해. 그래서 온도가 조금만 올라도 떠나 버리지. 조류가 떠난 산호는 혼자 살 수 없어. 산호가 죽으면 하얗게 변하는데, 그걸 '백화 현상'이라고 부른단다. 알록달록하던 산호초가 하얗게 죽어 가는 모습을 떠올려 봐. 상상만 해도 끔찍하지 않니?

"아, 정말 안타까워요. 산호가 있어야 지구 기온이 덜 올라가는데, 지구 기온이 올라가서 산호초가 죽다니요."

"마루야, 그런데 최근에 아주 놀라운 사실이 밝혀졌어."

"뭔데요? 혹시 산호가 다시 살아나기라도 했나요?"

마루가 잔뜩 기대하며 물었어.

"그랬으면 참 좋겠지만……. 그래도 희망적인 이야기니 한번 들어보렴."

여름 휴양지로 유명한 하와이에서 최근에 '자외선 차단제 금지법'이 생겼어. 우리가 여름에 많이 쓰는 자외선 차단제 때문에 산호초가 엄청난 피해를 입는다는 사실이 밝혀졌거든. 산호초와 해양 생물을 보호하기 위해 유해 성분이 들어간 자외선 차단제 사용을 금지한 거야. 나도 이 소식을 처음 들었을 때 깜짝 놀랐어. 우리가 사용하는 자외선 차단제와 산호초 사이에 상관관계가 있을 줄은 꿈에도 몰랐거든.

"그러면 자외선 차단제를 아예 쓰지 말아야 하나요? 엄마가 자외선 지수가 높을 때는 꼭 자외선 차단제를 발라야 피부암이 안 생긴다고 하시던데요."

마루가 궁금해하는 것도 당연해. 그동안 우리는 자외선으로부터 피부를 보호하기 위해 자외선 차단제를 발라 왔으니까. 다행히 모든 자외선 차단제가 문제되는 건 아니고, '옥시벤존(Oxybenzone)'과 '옥티노세이트(Octinoxate)' 성분이 포함된 자외선 차단제가 문제라고 해. 그러니까 자외선 차단제를 살 때는 이 성분이 들어 있지 않은 걸 고르면 된단다.

"내가 바른 자외선 차단제가 나도 모르는 사이에 산호초를 죽였다고 생각하니까 너무 끔찍해요."

마루 말이 맞아. 자기도 모르게 환경을 망치는 일을 되풀이하지 않으려면 평소에 쓰는 물건 하나하나를 세심하게 살필 필요가 있어. 그 속에 혹시라도 환경에 나쁜 영향을 끼치는 물질이 없는지 확인하는 습관을 들인다면 더할 나위가 없겠지.

지구도 살리고 내 몸도 살리는 화장품 성분 확인!

'옥시벤존(Oxybenzone)'과 '옥티노세이트(Octinoxate)' 성분이 포함된 자외선 차단제를 사지 않으려면 어떻게 해야 할까? 가장 쉽게 확인하는 방법은 화장품 뒷면이나 포장 용기에 쓰여 있는 성분표를 확인하는 거야. 확인이 어렵다면 환경 단체에서 만든 사이트인 '시선.net'에 들어가서 네가 사려는 자외선 차단제 이름을 검색해 봐. 어때, 간단하지?

요즘은 초등학생들도 화장을 하잖아. 화장은 개성을 표현하는 한 방법이니까 나쁠 건 없다고 생각해. 문제는 화장품 속에 든 유해 성분이야. 화장품은 피부에 바로 흡수되기 때문에 나쁜 음식만큼이나 몸에 해로울 수 있거든. 그러니까 화장품을 사고 싶으면 먼저 그 화장품의 성분부터 확인해 봐. 그건 스마트폰 애플리케이션 '화해'에서 확인하면 돼. 화장품을 해석한다고 해서 이름이 화해래. 화장품 속 유해 성분을 확인하는 건 지구도 지키고 내 몸도 살리는 무척 중요한 일이란다.

4. 오리에게 길을 비켜 주세요

사실 흰뺨검둥오리라고 다 뺨이 하얀 건 아니야. 가끔 거무스름하거나 누르스름한 빛을 띠는 친구들도 있지. 차창 너머로 보이는 저 오리 떼처럼 말이야. 흰뺨검둥오리의 가장 큰 특징은 끝부분만 노란색을 띠는 검은 부리란다.

엄마 오리는 마치 뭘 아는 것처럼 새끼들을 이끌고 횡단보도를 건너고 있었어. 길을 건널 때는 횡단보도로 가야 하는 걸 오리도 아나 싶어 신기하기도 하고 재미있기도 했어. 엄마 오리를 따라 뒤뚱뒤뚱 줄지어 걸어가는 여덟 마리 새끼 오리를 보고 있자니 어찌나 귀여웠는지 몰라.

오리 떼가 지나가고 버스가 정류장에 멈춰 서자마자, 나는 얼른 버스에서 내렸어. 오리들이 어디로 가려는지 모르겠지만, 목적지까지 아무 탈 없이 잘 가는지 지켜봐야 할 것 같았거든. 아니나 다를까, 오리 떼를 따라나선 지 얼마 지나지 않아 일이 벌어지고 말았어. 새끼 오리 한 마리가 그만 빗물 배수구에 빠지고 만 거야. 새끼 오리는 꺼내 달라고 꽥꽥거리는데, 엄마 오리는 그것도 모르고 앞으로만 걸어가고 있었지. 나는 끙끙거리며 덮개를 열고 배수구 안으로 손을 집어넣었어. 그런데 이 녀석이 내가 저를 구하려는 줄도 모르고 꽥꽥거리며 그 안에서 도망을 다니는 거야.

"얘, 나는 지금 너를 구해 주려는 거야. 그러니까 좀 가만히 있어."

"내가 아줌마를 어떻게 믿어요. 엄마가 사람을 제일 조심하라고 했어요."

"내가 너랑 말을 하는 걸 보면 모르겠니?"

이렇게 실랑이를 벌이다가 가까스로 녀석을 건져 냈을 때였어. 새끼 오리가 우는 소리를 들은 걸까? 어느새 엄마 오리와 다른 새끼 오리들이 내 옆에 모여 있더구나. 새끼 오리들은 아무 일도 없었다는 듯 다시 한 줄로 서서 어미를 따라 뒤뚱뒤뚱 걸어갔어. 오리들의 행진이 재미있기도 했고, 약

속 시각까진 시간이 좀 남았기에 계속 따라가 보기로 했지. 그런데 곧 또 장애물이 나타났어. 오리들이 가는 길 앞에 도로 경계석이 놓여 있었거든. 엄마 오리가 폴짝 뛰어 도로 경계석 위로 올라가자, 새끼들도 한 마리씩 따라 올라갔어. 그런데 한 녀석이 못 올라가고 있는 거야. 아까 빗물 배수구에 빠졌던 녀석인지 아닌지는 알 수 없지만 안타까웠어. 이번에도 도와주려다가 조금만 더 지켜보기로 했지. 자연에서는 모든 걸 스스로 해결해야 하니까, 녀석을 돕는 게 진짜로 돕는 일이 아닐 수도 있다는 생각이 들었거든.

엄마 오리는 이번에도 앞으로 가다 말고 뒤를 돌아보더니 다시 돌아오더구나. 엄마 오리가 새끼 오리를 도울 방법은 오로지 기다리는 것뿐이었어. 나머지 새끼들도 어미 곁에서 서성이며 기다리더구나. 뛰어올랐다 미끄러지기를 거듭하는 녀석을 보고 있자니 자꾸 마음이 흔들렸어. 내가 참다못해 손을 내밀려는 순간, 녀석이 짠 하고 경계석 위로 올라서는 게 아니겠니! 나는 너무 반가워서 하마터면 소리를 꽥 지를 뻔했단다. 새끼 오리들은 다시 엄마를 따라 걷기 시작했어. 그 뒤로도 가다가 멈추기를 꽤 여러 번 했어. 그나마 폭이 좁은 도로는 어렵지 않게 건넜지만, 큰 도로가 나오면 어쩔 줄 몰라 했지.

위험은 또 찾아왔단다. 새끼들이 모두 하수구에 빠지고만 거야. 처음에 어미는 그것도 모른 채 혼자 가더라고. 아무래도 안 되겠다는 생각이 들어서 112에 연락을 했지. 나 혼자서 그 많은 오리를 다 구할 수는 없을 것 같았거든. 오리 떼가 하수구에 빠졌다고 연락하자 경찰 아저씨 두 분이 오셨어. 지나가던 사람들도 모이기 시작했지. 오리 구하는 걸 지켜보느라 뒤늦게 알았는데, 엄마 오리가 어느새 또 내 곁에 와 있는 거 있지?

경찰 아저씨들이 새끼 오리 여덟 마리를 다 구하자 사람들은 흩어졌어. 또 이런 일이 생기면 나 혼자서 어쩌나 싶었는데, 경찰 아저씨 한 분이 남아서 오리 떼를 따라가 주기로 했단다. 오리 떼가 도로를 건너려고 하면 경찰 아저씨가 호루라기를 불어 달리는 차들을 멈춰 세웠어. 그 모습이 마치 '새끼 오리들에게 길을 비켜 주세요!'라고 하는 것 같았지. 경찰 아저씨는 오리 떼가 개천 가까이 있는 풀숲으로 들어가는 모습을 보고서야 발길을 돌렸단다. 나는 아저씨가 간 걸 확인한 뒤 어미 오리에게로 다가갔어. 방금 힘든 여정을 끝낸 게 믿기지 않을 정도로 느긋하게 물 위를 떠다니고 있더구나.

"무사히 도착해서 다행이야. 다친 아이들은 없니?"

"아까는 아이들을 챙기느라 긴가민가했는데, 역시 고래똥 소장님이 맞았네요. 네, 저희는 모두 무사해요. 아까 저희 아가들을 구해 주셔서 감사해요."

"당연히 도와줬어야지. 그런데 어디서부터 여기까지 온 거야?"

"저희는 시청 연못에 살고 있었어요. 그런데 저희를 구경하는 사람들이 점점 많아져서, 더는 거기에서 못 살겠더라고요. 그래서 위험을 무릅쓰고 여기 개천으로 이사 온 거예요. 그리 멀지 않아서 금방 올 줄 알았는데, 애들을 다 데리고 움직이니 한참 걸리고 말았네요."

시청 연못에서 개천까지는 900미터 정도 떨어져 있어. 내가 따라다닌 시간만 해도 30분이 넘으니까, 오리 가족은 여기까지 오는 데 40분 정도 걸렸을 거야. 그리 멀지도 않은 거리인데, 왜 이렇게 많은 시간이 걸렸을까? 흰뺨검둥오리는 날 수도 있는데 말이지.

도시는 동물들이 살기 무척 어려운 곳이야. 특히나 새끼 오리처럼 아직 작고 연약한 동물들에게는 더 하지. 차가 수시로 쌩쌩 지나다니고, 곳곳에는 도로 경계석 같은 장애물투성이니까. 그래서 오리 가족이 이사하는 데 이렇게 긴 시간이 걸렸던 거야.

나는 이날 일을 까맣게 잊고 지냈어. 그러던 어느 날 개천 근처를 걷고 있는데 어미 오리가 다가왔어.

"안녕하세요, 고래똥 소장님?"

"오랜만이구나. 개천은 어때? 연못처럼 시끄럽진 않니?"

"네, 저희는 잘 지내고 있어요. 가끔 우리를 보러 오는 사람들도 연못에서처럼 시끄럽게 하지 않고, 개천 주변에 풀이 많아서 먹이도 풍부해요."

"다행이구나. 그런데 무슨 일 있어? 표정이 어둡네?"

"며칠 전에 오리 한 마리가 제게 와서 걱정을 털어놓더라고요. 에코 숍이 있는 건물에 옥상 정원이 있잖아요. 거기에 오리 가족이 살고 있대요. 새끼가 자그마치 아홉 마리나 태어났는데, 계속 거기서 살 수가 없다고요. 어미 오리는 새끼들을 데리고 이 개천으로 오고 싶어 해요. 혹시 소장님께서 도와주실 수 없을까요?"

도시의 옥상 정원에서도 새끼 오리들이 태어난다는 걸 어미 오리 이야기를 듣고 처음 알게 되었어. 아홉 마리나 되는 새끼 오리들을 아무 탈 없이 이사 시킬 방법은 경찰 아저씨들에게 부탁하는 길밖에 없었지.

 아홉 마리 새끼 오리와 어미 오리는 경찰 아저씨들의 도움으로 아무 탈 없이 개천으로 이사를 했단다. 두 오리 가족은 지금 개천에서 아주 잘 지내고 있어. 새끼 오리들이 강바닥에서 잡초 씨앗을 건져 먹느라 첨벙거리는 모습이 꼭 물놀이하는 개구쟁이들 같더라. 오리들은 살기 좋은 곳을 찾아서 좋고, 나는 오리들이 노니는 개천을 볼 수 있어서 좋았어. 너희들도 시간이 나면 한번 가 보렴.

아기 새를 데려가지 마세요!

여름은 야생에 사는 동물들이 한창 새끼를 낳고 기르는 계절이야. 그러다 보니 새끼 동물들이 구조 아닌 납치를 당하는 일이 많아. 어미가 새끼들만 두고 잠시 자리를 비운 사이에, 새끼가 어미를 잃어버렸다고 생각해서 데려가는 사람들이 많다는 거야. 동물을 사랑하는 그 마음은 충분히 이해되지만, 자칫하면 그게 새끼와 어미를 영영 떼어놓는 일이 될 수도 있어. 그래서 새끼 동물을 구조할 때는 무척 신중해야 해. 정말 어미를 잃어버려서 구조가 필요한 경우도 있지만, 구조가 필요 없는 상황일 수도 있다는 거지. 그럼 어떻게 판단해야 할까? 새끼들만 남겨져 있는 장면을 봤다면 일단은 좀 지켜봐야 해. 이때 어미 눈에 띄지 않도록 숨어서 지켜보는 게 중요해. 사람이 가까이 있으면 경계하느라 어미가 나타나지 않을 수도 있으니까. 어미가 나타나면 새끼를 데려와선 안 되는 거지. 만약 새 둥지가 땅에 떨어졌거나 어린 새가 땅으로 떨어진 경우라면 구조가 필요할 수도 있어. 이럴 때는 각 지방의 야생동물구조센터나 국립생태원에 전화해서 물어보는 게 좋아.

국립생태원 041-950-5300
서울 야생동물구조센터 02-880-8659
인천 야생동물구조센터 032-858-9702
대전 야생동물구조센터 042-821-7930
부산 야생동물구조센터 051-209-2091
울산 야생동물구조센터 052-256-5322
경기 야생동물구조센터 031-8008-6212
강원 야생동물구조센터 033-250-7504
충북 야생동물구조센터 043-216-3328
충남 야생동물구조센터 041-334-1666
전남 야생동물구조센터 061-749-4800
경북 야생동물구조센터 054-840-8250
경남 야생동물구조센터 055-754-9575
제주 야생동물구조센터 064-752-9982

5. 잘 살아, 제돌아

띠링! 가족들이랑 제주도 여행 중인 마루가 사진을 보내 왔어. 커다란 주황색 공을 안고 있는 마루 얼굴이 얼마나 행복해 보이던지. 사진을 보고 있는데, 곧이어 문자 메시지가 왔어.

소장님, 이 공이 어떤 공인지 아세요?

'아니 내가 천리안을 갖고 있는 것도 아니고 어떻게…….' 하고 생각하는데 마루가 또 메시지를 보냈어.

완전 운이 좋았어요. 돌고래가 던진 공을 아빠가 잡았거든요!

마루가 제주도에서 돌고래 쇼를 봤나 봐. 그 순간 뭐라고 대꾸해야 할지 잠시 망설여지더구나.

그래, 여행 잘 하고 돌아오면 얼굴 보자.

일단 이렇게 보냈어. 그날 돌고래가 던졌다는 주황색 공이 온종일 내 머릿속에서 떠나지 않더라. 돌고래는 어떻게 공을 던졌을까 상상해 봤지. 뾰족 튀어나온 주둥이로 공을 던졌을까, 아니면 꼬리지느러미로 던졌을까? 마루가 제주도로 여행을 가기 전에 제돌이 얘길 해 줬어야 했어.

며칠 뒤 마루가 감귤 초콜릿을 들고 연구소에 왔어.

"그래, 돌고래한테 인사는 잘 하고 왔니?"

"인사요? 아, 이런! 인사를 못 했네. 그런데 잘 지내지 않을까요?"

"어째서?"

"거기 엄청 좋거든요. 수조도 넓고 물도 깨끗했어요. 조련사가 돌고래한테 먹이도 잘 주던데요. 공연 중에도 계속 먹이를 줬거든요. 그리고 거긴 돌고래 천적도 없으니까 안전하잖아요."

마루는 자기 대답이 꽤 논리적이라는 사실에 스스로 놀라는 눈치였어.

우리 한번 이런 상상을 해 보자. 너희가 엄청난 부잣집에 입양이 된 거야. 엄청나게 비싼 옷에, 엄청나게 비싼 장난감에…… 주변 사람들의 부러움을 한몸에 받게 된 거지. 대신 몇 가지 조건이 있어. 우선 가족들이랑 영영 헤어져 살아야 해. 그리고 그 집에서 정한 대로만 살아야 해. 무엇을 먹을지, 무엇을 배울지, 무엇을 하고 놀 건지까지 말이야. 어때, 좋을 것 같니?

마루는 잠깐 생각하더니 이내 도리질을 쳤어.

"싫어요! 저는 우리 집이 좋아요!"

"너는 그러면서 돌고래는 왜 수족관에서 사는 게 행복할 거라고 생각해?"

마루는 한참 동안 말을 잇지 못했어. 그러다가 어젯밤 꿈 얘기를 내게 들려주었지.

"진짜 이상한 꿈이었어요. 온몸이 땀범벅이 된 채로 깼다니까요. 그냥 악몽을 꾼 거라고만 생각했는데…… 그러면 제가 제주도에서 본 그 돌고래도 잡혀 온 거예요?"

"마루가 꿈에 제돌이를 만난 것 같구나."

"제돌이요? 걔가 누군데요?"

"제주 바다에서 잡혀 수족관으로 팔려 간 돌고래야."

마루는 조련사의 명령에 따라 이런저런 묘기를 부리고 공도 잘 던지던 돌고래가 불법으로 잡혀 왔다는 얘기를 좀처럼 믿지 못하는 눈치였어.

돌고래는 늘 웃고 있는 것처럼 보여서 사람들은 돌고래가 고통 받는 줄 잘 모르지. 넓은 바다를 시속 80킬로미터로 헤엄쳐 다니는 돌고래에게 수조는 감옥 같은 곳이야. 헤엄을 치려고 하면 코앞에 벽이 나타나고, 방향을 틀면 또 벽이 나오니 계속 뱅글뱅글 돌 수밖에 없어.

돌고래를 더 힘들게 하는 건 소리야. 돌고래는 초음파를 내보내서 물체에 반사되어 오는 소리로 먹이를 찾고, 장애물을 피해 다니거든. 그런데 돌고래가 사는 수조는 사방이 유리와 콘크리트로 막혀 있잖아. 그래서 돌고래가 초음파를 내보내면 벽에 부딪쳐서 끊임없이 소리가 되돌아와. 얼마나 괴로울지 우리는 짐작조차 할 수 없어.

공연을 위해 훈련받느라 힘든 건 말할 필요도 없겠지. 나는 돌고래가 조련사에게 먹이를 얻어먹는 걸 보는 것도 슬

프더라. 돌고래가 왜 먹이를 구걸해야 하는 건데? 바다에 사는 돌고래뿐만 아니라, 자연에 사는 어떤 동물도 사람에게 먹이를 구걸하지 않아. 그런데 멀쩡히 잘 사는 돌고래를 잡아다가 구걸하게 만들었잖아. 수족관에서 지내는 돌고래는 스트레스를 너무 받아서 우울증에 걸리는 일도 많대. 원래

돌고래는 30년 넘게 사는 장수 동물인데, 수족관에 있는 돌고래는 2년 넘게 사는 일이 드물다고 하니 말 다 했지.

마루는 돌고래 쇼를 본 일을 무척 후회하는 것 같았어.

"그렇지만 마루야, 제돌이는 지금 제주 바다에서 자유롭게 헤엄치며 잘 지내고 있어."

"네? 그건 또 무슨 말이에요?"

"서울대공원에 불법으로 포획된 돌고래가 있다는 사실이 밝혀지면서, 환경 단체와 시민들이 돌고래를 풀어 주라고 목소리를 높였거든. 그 결과, 그곳에서 쇼를 하던 여섯 마리 돌고래 가운데 다섯 마리가 적응 훈련을 거쳐 제주 바다로 돌아갔단다."

"나머지 한 마리는요?"

"돌고래는 우리처럼 그들만의 문화가 있고, 사용하는 언어가 있어. 그래서 아무 바다에다 풀어 주면 안 돼. 만약 너희를 아프리카에 데려다 놓으면 어떻겠니? 말도 안 통하고 문화도 다른 그곳에서 잘 살 수가 있을까? 돌고래도 마찬가지야. 나머지 한 마리는 제주가 아닌 일본에서 잡힌 돌고래였거든. 그런데 일본은 여전히 고래를 잡고 있단다. 그런 곳에 풀어 줄 수는 없잖아. 그래서 제주도에 있는 수족관으로 옮겨졌어.

"너무 불쌍해요."

"불쌍하지. 그렇게 바다로 돌아갈 수 없는 돌고래가 우리나라에 못 해도 스물일곱 마리나 더 있대."

우리도 우리 집이 최고고, 우리 가족이랑 사는 게 가장 좋다고!

"어떻게 하면 돌고래를 도울 수 있어요?"

"동물 쇼나 동물원에 가지 않으면 돼. 사람들이 가지 않으면 동물 쇼나 동물원이 있을 필요가 없지."

"돌고래를 돕는 방법은 생각보다 쉽네요."

마루는 그제야 좀 마음이 놓이는 모양이었어. 그리고 다음에 또 제주도에 가면 바다에 대고 이렇게 외칠 거래.

"제돌아, 우리가 미안했어. 잘 살아."

고통받는 쇼 동물을 돕는 법

　동물을 돈벌이에 이용하는 일을 어떻게 봐야 할까? 동물원은 말할 것도 없고 텔레비전에, 영화에, 그리고 다양한 쇼에 등장하는 동물들은 과연 행복할까?

　네가 그 동물이라고 한번 생각해 보렴. 사람들 앞에서 재롱부리는 일이 좋을까? 아마 무척 고통스러울 거야. 낯선 곳에서 원하지도 않는 일을 해야 하니까 말이야.

　동남아시아로 여행을 가면 코끼리 등에 타는 여행 상품이 있어. 나야 딱 한 번 타는 거지만, 나 같은 사람이 한둘이 아닐 거잖아. 코끼리는 온종일 사람들을 등에 태우고 같은 코스를 계속 다녀야 할 테지. 상상만 해도 끔찍한데, 그걸 매일 하는 동물들은 어떨까? 투우나, 투견, 투계도 마찬가지야. 경마장에 있는 말도 마찬가지고. 많은 동물이 사람들의 즐거움을 위해 희생당하고 있어. 그렇다면 이 동물들을 위해 우리가 할 수 있는 일은 뭘까? 바로 동물을 이용해서 돈을 버는 곳에 가지 않는 거야. 그러면 그 일을 계속할 수 없겠지? 좀 더 적극적인 활동을 하고 싶다면 국회의원이나 관련 정부 기관에 동물을 보호해 달라고 편지를 쓸 수도 있어. 아니면 환경 단체나 동물 보호 단체가 계속 동물들을 보호할 수 있도록 용돈을 모아 후원할 수도 있고 말이야.

4. 가을

1. 연어가 숲을 키워

 산꼭대기가 언뜻언뜻 붉어지더니, 어느 날 갑자기 산 전체가 노랗고 빨갛게 물들었어. 이렇게 온 산이 단풍으로 물들면 시인들은 '가을이 깊어졌다'라고 하더구나. 가을이 깊어지면 숲에서 나는 냄새가 달라져. 나뭇잎이 마르면서 나는 향인데 꼭 한번 맡아 보렴. 나는 이 냄새가 무척 좋단다.

"왜 단풍이 드는지 소장님 아세요?"

"마루가 심심할까 봐 눈요기 시켜 주려고."

"또 장난치시네. 단풍은 나무가 겨울을 준비하는 거래요."

"우리 마루 이제 척척박사가 다 됐네."

 햇빛도 줄고 날이 점점 추워지면 나무는 광합성을 하기 힘들어져. 잎이 있으면 가뜩이나 부족한 물과 영양분이 잎을 통해 증발해 버려서 겨울나기가 더 힘들어지든. 그래서 잎으로 가는 물과 영양분을 막아 버려. 내년 봄에 잎과 꽃이 될 겨울눈만 남겨 두고 잎을 떨구려는 거야. 그 과정에서 초록색을 띠던 엽록소가 파괴되고, 나뭇잎 색깔이 노랗고 빨갛게 바뀐단다. 정확히는 색이 바뀌는 게 아니라, 초록색에 가려졌던 색깔이 드러나는 거지. 이렇게 떨어진 나뭇잎은 썩어서 다시 흙이 된단다. 이런 게 바로 자연의 이치야. 나무는 일기예보가 필요 없어. 몸으로 다 느낄 수 있으니까. '지금쯤 잎을 떨궈야겠구나', '지금쯤 잎눈을 열고 잎을 틔워야겠구나' 하고 말이야. 가만히 보면 자연에 있는 존재들은 모든 걸 스스로 다 알아서 한단다.

"새들도 그래요! 철새도 때가 되면 날아오고 또 날아가잖아요."

마루가 들뜬 목소리로 말했어.

"맞아. 저 먼바다에 사는 연어도 때가 되면 태어난 강으로 돌아오지."

연어 얘기가 나오자 마루는 문득 생각났다는 듯 물었어.

"아까 왜 낙엽을 보면서 연어가 어디쯤 오고 있는지 알아본다고 하셨어요?"

 강원도 양양에 있는 남대천에는 가을이 깊어질 즈음 연어가 돌아온단다. 그래서 단풍잎을 보고 연어가 보인다고 한 거야. 저 멀리 알래스카에 살던 연어들이 고향을 찾아오는 때가 이때거든. 이걸 회귀라고 해. 알래스카에서 베링해를 건너 캄차카반도를 지나 오호츠크해를 거쳐 남대천으로 오는 거야.

 너희도 마루처럼 생각해 본 적 없니? 나는 스마트폰이 있어도 길을 잘 못 찾아서, 마루는 나를 길치 소장님이라고 놀리곤 해. 연어는 아무런 장비도 없고 누가 길을 알려 주는 것도 아닌데, 그렇게 먼 길을 잘도 찾아오다니 놀랍지 않니?

 우리나라로 돌아오는 연어는 남대천 상류 쪽에 있는 깊은

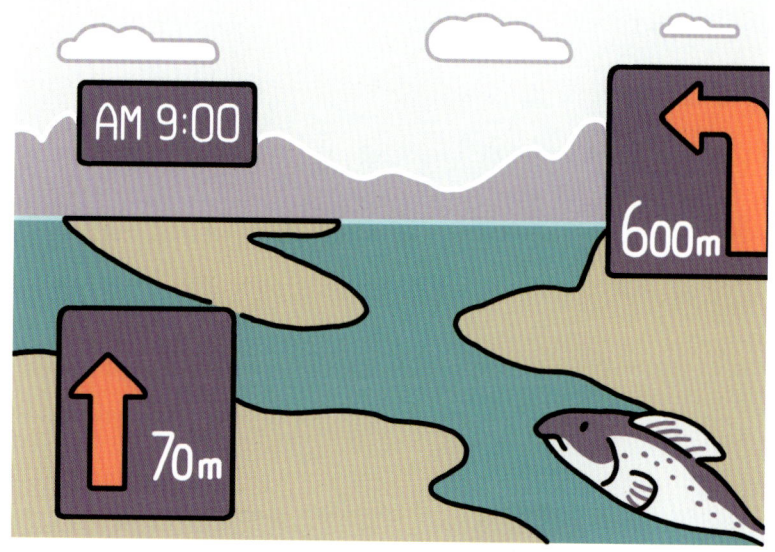

계곡에서 태어난단다. 그곳에서 어릴 적에 잠깐 살다가 동해로 나가서 저 먼 알래스카까지 가지. 그러다가 알을 낳을 때가 되면 다시 고향을 찾아오는 거야. 수많은 동료를 잃어 가면서 말이야. 동해까지 왔다고 해서 안심할 수도 없어. 어쩌면 그때부터가 진짜 고생 시작이거든. 연어가 강물을 거슬러 상류로 오르는 일에는 엄청난 고통이 뒤따른단다. 특히 경사가 가파른 곳에서는 힘껏 뛰어오르느라 지느러미가 찢기기도 하고 때로는 목숨을 잃기도 해.

"그럼 모든 연어가 고향으로 돌아오지는 못하는 거예요?"

"그래, 우리나라를 떠난 연어의 1퍼센트만 다시 돌아올 수 있다는구나."

문제는 그런 시도조차 할 수 없는 상황에 맞닥뜨리는 거야. 높은 보나 댐을 만날 때가 그렇지. 미국 서북쪽에 위치한 워싱턴주에는 엘와강이 흘러. 태평양에서 회귀하는 연어들이 엘와강을 따라 상류로 올라간단다. 엘와강 상류에 사는 사람들에게 연어는 삶의 전부나 다름없었어. 연어와 물물 교환해서 생필품을 얻곤 했거든. 오죽하면 연어가 올라오는 때에 맞춰 축제를 다 열었겠어. 그런데 100여 년 전에 엘와강에 댐이 들어섰어. 댐은 연어의 길을 막았고, 연어와 사람들의 만남을 가로막았지. 엘와강은 태평양 연어 다섯 종의 주요 산란지이자 서식지였어. 그런데 댐이 들어서면서 연어 서식지가 90퍼센트 가까이 사라졌단다. 연어가 올라오지 못하자, 사람들의 삶도 형편없이 망가졌지.

"연어가 얼마나 고향으로 돌아가고 싶었을까요? 도대체 왜 댐을 만든 거예요?"

"수력 발전이라고 들어 봤지?"

"물이 떨어지는 힘을 활용해서 전기를 만드는 거 맞죠? 또 전기 때문인 건가요?"

"그래, 맞아. 전기를 생산하기 위해서였어. 전기와 연어 가운데 엘와강 주민들에게 더 필요한 건 뭐였을까?"

수십 년에 걸친 싸움 끝에 2011년 마침내 엘와 댐이 철거됐어. 끊겼던 물길이 열리자 연어가 다시 돌아오기 시작했지. 사람들의 삶에도 다시 활기가 돌기 시작했단다. 연어가 돌아오면서 연어를 중심으로 한 생태계도 다시 복원되고 있어. 연어를 먹이로 삼는 곰과 여우를 비롯해 다양한 생물이 돌아오기 때문이야. 연어가 돌아올 때 엘와강 주변에는 갈매기들이 엄청나게 몰려든대. 곰이 먹다 내버려 둔 연어를 먹으려고 말이야. 숲에 사는 여우가 곰이 남긴 연어를 가져가기도 해. 얼마나 많으면 여우도 가져간 연어를 다 못 먹고 숲에 남겨 두기도 하지. 연어를 배불리 먹은 곰과 여우가 숲에 눈 똥이나 먹고 남긴 연어는 거름이 되어 숲을 살찌운단다.

연어가 많이 올라올수록 숲이 울창해져. 울창한 숲은 여름이면 짙은 그늘을 드리워서 계곡물을 시원하게 만들지. 그리고 그 시원한 물에 연어가 알을 낳아. 연어가 좋아하는 번식지는 바로 그런 곳이야. 바다에서 온 연어가 숲을 키우고, 숲이 또 연어를 키우는 셈이지. 한마디로 연어가 숲과 바다를 이어 주고 있는 거야.

내 얘기를 조용히 듣고 있던 마루가 갑자기 두 손을 입가에 모으고 큰 소리로 외쳤어.

"연어야, 고마워!"

 ## 댐은 꼭 필요할까?

　댐은 몇 가지 이유 때문에 만들어. 비가 많이 올 때 물을 담아 두었다가 필요할 때 쓰기 위해서, 홍수를 막기 위해서, 그리고 전기를 생산하기 위해서야. 그런데 지금 많은 나라가 큰 돈을 들여서 만든 댐을 하나둘 없애고 있어. 왜 댐을 없앨까?

　일본에 구마강이라는 곳이 있어. 구마강은 원래 은어가 많기로 유명한 곳이었는데, 댐과 보를 짓고 나서 은어가 사라져 버렸대. 은어는 연어와 반대로 하류로 가서 알을 낳는 물고기야. 그런데 은어가 지나다니는 물길을 댐과 보가 다 막아 버린 거지. 물이 흐르지 못하고 고여 있으니 녹조 현상도 심해졌어. 은어뿐 아니라 다른 물고기들도 살기 힘들어진 거야.

　홍수 피해도 커졌어. 댐은 홍수를 막아 줄 것 같지만 기후 변화로 짧은 시간에 많은 비가 내리게 되면 오히려 피해를 키울 수도 있어. 비가 내려서 댐에 물이 가득 차면 수문을 열어 물을 흘려보내야 해. 안 그러면 댐이 터질 수도 있거든. 비도 많이 내리는 데다가 댐에서 내보내는 물까지 한꺼번에 강을 따라 흘러 내려오니 주변 지역은 온통 물에 잠길 수밖에 없었지.

　강을 따라 흘러 내려와야 할 흙과 모래가 댐과 보에 쌓이는 것도 문제였어. 흙과 모래가 쌓이면 댐에 물을 담아 둘 수가 없을뿐더러 홍수 때마다 흙탕물이 주변 지역을 덮치거든.

　지역 주민들은 이런 부작용을 깨닫고 구마강의 대표 댐인 아라세 댐 해체 운동을 벌였어. 아라세 댐 해체를 공약으로 내건 후보를 시장으로 당선시키기까지 했지. 아라세 댐을 허물기 시작하자, 약속이나 한 듯 은어가 돌아오기 시작했대. 더러워진 강을 멀리했던 사람들도 함께 말이야.

　우리나라도 금강과 낙동강의 보를 일부 허물자, 벌써 강 생태계가 살아나기 시작했어. 흰수마자가 발견된 것처럼 말이야. 이제 세계 여러 나라가 댐을 허물고 강을 자연에게 되돌려 주고 있는 까닭을 알겠지?

2. 쇠똥구리, 똥을 순환시키다!

에고, 이마 아파라. 마루 덕분에 오랜만에 실컷 웃었네. 시골에 가면 쇠똥구리가 많을 거라니 순진하기도 하지. 시골에 많은 쇠똥구리를 왜 한 마리에 100만 원씩이나 주고 사려는 건지 생각을 해 봐야지.

"설마 시골에 가도 쇠똥구리를 못 보는 거예요?"

마루는 실망한 기색이 역력했어. 사실 쇠똥구리는 아주 귀해진 종류도 있고, 아예 멸종된 종류도 있어. 더구나 마루가 가져온 전단지에서 구하는 쇠똥구리는 우리나라에서 아예 자취를 감춘 종류란다. 그렇다면 쇠똥구리는 왜 사라졌을까? 일단 쇠똥구리 먹이를 알면 답을 맞힐 수 있어.

"아니, 그럼 소똥이 사라졌다는 건가요?"

눈을 똥그랗게 뜬 마루가 소리치듯 말했어.

소똥은 오히려 늘어났지. 시골에 가면 소를 수십 마리, 아니 수백 마리씩 키우는 축사가 널렸잖아. 그렇다면 뭐가 문제일까? 소똥은 늘어났는데 소똥을 먹는 쇠똥구리가 사라졌다니? 더구나 소를 키우는 농가마다 소똥을 치우는 일이 얼마나 골칫거린데 말이야. 쇠똥구리가 사라진 이유는 다름이 아니라 쇠똥구리가 먹을 똥이 사라졌기 때문이야.

"쇠똥구리가 먹을 똥이 사라졌다고요? 소장님 또 장난치시는 거죠?"

아니, 정말이란다. 소똥은 많아졌지만, 쇠똥구리가 먹을 수 있는 소똥은 사라졌거든. 쇠똥구리는 풀을 먹은 소가 눈 똥만 먹어.

혹시 공장식 축산이라는 말 들어 봤니? 공장에서 물건을 대량으로 생산하듯 소를 대량으로 키우는 걸 말해. 소고기 소비가 늘어나면서 공장식 축산을 하는 곳도 점점 늘어났어. 공장식 축산을 하는 곳에서는 소에게 풀이 아니라 사료를 먹인단다. 사료에는 항생제가 섞여 있지. 좁은 축사 안에서 많은 소를 키우다 보면 전염병에 걸리기 쉽거든. 전염병이 한번 돌면 빠르게 퍼져 나가고 말이야. 그런데 항생제가 든 사료를 먹은 소가 눈 똥을 먹은 쇠똥구리들이 죽어 갔어. 이제 왜 쇠똥구리가 사라졌는지 수수께끼가 풀렸지?

 그렇게 소를 키우면 사람들이 원하는 만큼 고기를 댈 수 없어. 공장식 축산과 함께 쇠똥구리가 사라지면서 소똥은 처치 곤란한 물건이 되어 버렸단다. 축사가 있는 곳은 늘 똥 냄새가 진동하고, 똥 냄새에 이끌려 날아온 파리 같은 곤충들로 들끓게 되었지.
 더 큰 문제는 쇠똥구리가 사라지면서 생태계의 순환이 끊어져 버렸다는 거야. 쇠똥구리가 똥을 굴리고 땅에 묻는 행동 자체가 생태계를 순환하게 했거든. 동물의 똥에는 동물

이 먹은 여러 가지 식물의 씨앗이 담겨 있어. 쇠똥구리가 똥을 굴리면서 그 씨앗을 이리저리 옮겨 줬지. 그렇게 땅에 묻힌 씨앗은 자라나 새로운 식물로 성장했어. 그 식물은 초식 동물의 먹이가 되고, 초식 동물은 육식 동물의 먹이가 되고…… 이렇게 생태계가 순환해 왔지. 또 쇠똥구리는 식물에 영양소를 전달해 줬어. 동물 똥에는 식물이 자라는 데 도움이 되는 영양소가 많이 들어 있어. 쇠똥구리가 똥을 땅에 묻

으면 이 영양소도 같이 땅속 깊은 곳으로 옮겨 가겠지? 땅속에는 영양소가 가장 필요한 식물 뿌리가 있고 말이야. 식물의 뿌리가 쇠똥구리가 옮겨다 준 영양소를 빨아들여 더 잘 자랐던 거지. 우리는 똥을 더럽다고 하지만, 사실 똥은 땅을 기름지게 하는 굉장히 귀한 거름이란다. 똥이 순환하지 못하는 게 더 더러운 거야. 자연에는 쓰레기가 없어. 썩어서 자연으로 되돌아가고, 거기서 다시 새로운 생명이 움트고, 이렇게 순환이 이뤄지지. 그런데 쇠똥구리가 사라지자 똥이 땅으로 돌아가지 못하게 된 거야. 똥이 다시 땅으로 돌아가 온전히 순환할 때 땅도 건강해지고 우리도 건강한 먹을거리를 얻을 수 있는데 말이지.

"쇠똥구리를 구할 수도 없는데 왜 저런 광고를 해요?"

다들 마루와 같은 생각을 했을 거야. 쇠똥구리는 우리나라에선 사라졌지만 몽골에는 아직 있거든. 예전 방식으로 소를 키우는 곳에서는 여전히 쇠똥구리가 소똥을 굴리고 있어. 그런데 멀리서 쇠똥구리를 데려오려면 비용도 많이 들고 어려운 문제가 많아. 쇠똥구리를 잘 데려올 수 있는 누군가를 찾으려고 저런 광고를 하는 거야. 사라진 쇠똥구리를 되살리겠다는 거지.

"정말 바보 같은 짓을 하고 있네요. 있을 때 잘 하지."

내 말이! 미래를 잘 예측하고 대비했다면 얼마나 좋았을까? 그런데 세계사를 살펴보면 쇠똥구리를 수입한 역사가 없는 건 아니야. 1788년에 영국에서 오스트레일리아에 이민 온 사람들이 소 일곱 마리를 데려왔는데, 200년쯤 지나자 소가 3천 마리로 늘어나면서 문제가 생겼대. 소가 눈 똥이 초원을 뒤덮어 풀이 자라지 못할 정도가 되었던 거지. 집파리 같은 곤충들이 꼬여서 사람도 살기 힘들어졌고. 오스트레일리아에도 쇠똥구리 종류가 있긴 했지만 그 쇠똥구리들은 에뮤나 캥거루의 딱딱한 똥만 봤지 소똥같이 질퍽거리는 똥을 본 적이 없었거든. 그러니 소똥을 보고도 어찌해야 할지 몰랐던 거지. 그래서 아시아나 아프리카에서 소똥을 처리하는 쇠똥구리를 데려왔더니, 골칫거리가 하나둘 해결되었다는구나. 쇠똥구리의 위대함이랄까?

마루는 무언가 골똘히 생각하는 듯하더니 말했어.

"그런데 쇠똥구리를 데려온다고 해도 예전처럼 되살릴 수 있을 것 같지 않아요. 오스트레일리아에는 쇠똥구리가 먹을 소똥이 있으니까 문제가 없었겠지요. 하지만 우리나라에는 쇠똥구리가 먹을 똥이 없잖아요."

"정확하게 짚었어. 쇠똥구리를 지키기 위해서는 자연스레 풀을 뜯어 먹고 사는 소가 있어야겠지? 그러려면 어떻게 해야 할까?"

"한꺼번에 많이 키우지 않아야 하니까 공장식 축산을 하면 안 될 것 같은데. 그러자면 소고기 소비부터 줄여야 할 것 같아요. 아, 이거 쉽지 않은 문제네요. 그리고 갑자기 생각난 건데요, 항생제가 들어간 사료로 키운 소고기가 우리 몸에는 괜찮을까요?"

"그러게. 좋을 것 같진 않지? 많이 먹는다면 더더욱."

"좀 무서운데요? 고기를 아예 끊을 수는 없지만, 조금 덜 먹긴 해야 할 것 같아요."

마루가 그런 생각까지 하다니 놀라운데? 당연히 좋지 않아. 소가 먹은 항생제가 우리 몸속으로 들어와 쌓이거든. 그러면 항생제에 내성이 생겨 버리지. 아파서 약을 먹어도 효과가 없을 수 있다는 소리야. 쇠똥구리를 다시 이 땅에 불러들이려면 육식을 줄이거나 끊는 문제도 같이 고민해 봐야 할 것 같아.

"쇠똥구리에서 육식까지 연결될 줄은 미처 몰랐어요. 아라처럼 적어도 월요일만큼은 고기를 안 먹어 볼게요!"

마루는 씩씩하게 말하고는 집으로 돌아갔어.

생태계 순환을 돕는 청소부 곤충들

흔히 썩는다고 하면 더럽다는 생각을 먼저 하게 되지. 그런데 썩는다는 건 굉장히 중요하단다. 지구에 사는 어떤 동식물도 썩지 않았다면 지구는 이미 오래전에 발 디딜 틈이 없어졌을 거야. 그러니 분해는 지구 생태계에서 무척 중요한 과정이란다. 이렇게 중요한 분해를 돕는 곤충들이 있어.

송장벌레는 동물의 썩은 사체를 먹고 사는 곤충이야. 그러니 죽은 동물 근처에서 쉽게 발견할 수 있지. 송장벌레는 동물 사체를 그 자리에서 먹기도 하고, 흙에 묻기도 해. 흙에 묻는 이유는 애벌레를 키우기 위해서야. 애벌레도 썩은 고기를 먹거든. 송장벌레 덕분에 동물의 사체는 깨끗하게 분해된단다. 그래서 송장벌레를 생태계 청소부 또는 장의사라고 불러.

흰개미는 죽은 나무를 갉아 먹어. 개미와 생김새가 비슷해 흰개미라고 부르지만 사실 개미는 아니란다. 개미는 나무를 먹지 않거든. 흰개미는 무리 지어 살면서 썩은 식물을 분해해. 그런데 오래된 목조 건물도 갉아 먹는 바람에 종종 문화재가 피해를 입기도 한단다.

동애등에라는 곤충은 음식물을 분해하는 능력이 있어. 요즘 늘어나는 음식물 쓰레기가 골칫거리인데, 이 곤충을 활용해서 분해하는 연구가 진행 중이래. 1제곱미터의 공간에서 동애등에 유충 5만 마리를 키우면 열흘 동안 100킬로그램쯤 되는 음식물 쓰레기를 처리한다고 해. 유충이 자라면서 배출한 분변은 거름으로 활용하고, 유충 또한 동물 사료로 이용할 수 있대.

3. 생태 하천, 그곳에도 생명이 살고 있어

"생각하면 할수록 어이가 없네. 어떻게 개천에 그렇게 많은 새가 있다는 걸 모를 수가 있지?"

마루는 하루도 조용히 들어오는 법이 없어. 오늘도 역시 씩씩거리며 나타났지. 나랑 아라는 잔뜩 심통이 난 마루를 보고 웃음을 터트리고 말았단다.

"개천에 새가 있다고?"

아라의 말에 마루가 어이없다는 표정을 지어 보였어.

"진짜 실망이다. 너도 몰랐던 거야? 왜가리, 쇠백로, 청둥오리, 흰뺨검둥오리, 고방오리, 물닭, 흰죽지까지 새가 얼마나 많이 오는데. 야, 안 되겠다. 지금 당장 가자. 내가 오늘 너한테 확실히 새 구경을 시켜 줄게. 안 그래도 요새 겨울 철새들이 오기 시작했거든."

　가끔 마루가 어른스럽다고 느낄 때가 있는데, 오늘이 바로 그런 날이야. 우리는 마루를 따라 연구소 근처에 있는 개천으로 갔단다. 아라는 우리 동네 개천에 그렇게 많은 새가 날아오는지 몰랐나 봐. 마루는 아라에게 새를 관찰할 때는 멀찍이 떨어져서 봐야 한다고 주의를 줬어. 지나다니는 사람들 움직임에 익숙한 새들은 멈춰 서서 구경하면 경계하거든. 갑자기 달려들거나 큰 소리 내는 것도 새들에게 위협이 되지. 마루의 잔소리에 내 설명을 덧붙이며, 우리는 멀찍이 떨어져서 새를 보기 시작했어.

　아라는 주로 산새들만 봐 오던 터라 철새들이 무척 신기했나 봐. 거의 입을 다물지 못하고 있었어. 그때 마루가 논병아리를 발견했는지 법석을 떨었어. 아라도 얼른 마루가 가리키는 곳을 쳐다봤지만, 논병아리는 이미 사라진 뒤였지. 몇 번 허탕을 친 뒤 아라가 말했어.

"소장님, 마루가 논병아리가 있다고 소리치는데 막상 보면 없어요. 아무래도 저를 놀리는 것 같아요."

논병아리는 잠수를 하거든. 그래서 조금 넓게 주변을 살펴봐야 해. 새를 볼 때는 기다리고 또 기다리는 인내심이 필요하지. 잘 지켜보다 보면 물속에서 '뿅' 하고 나타나는 녀석이 있을 거야. 논병아리는 오리보다 몸집이 작아서 잘 봐야 해.

쌍안경을 눈에서 떼지 않은 채 한참을 보던 아라가 드디어 논병아리를 찾았어.

"개천에 사는데 이름이 논병아리라니 재미있어요! 원래는 논에 살았나 봐요?"

논병아리라는 이름이 붙긴 했지만 논에도 살고, 저수지에도 살고, 강에도 살아. 날개가 있으니 먹이를 구할 수 있는 곳이라면 어디든 간다고 생각하면 돼. 하천에는 병아리뿐만 아니라 물에 사는 닭도 있어. 닭처럼 생긴 물닭! 물에 사는 닭처럼 생긴 새라서 물닭이라고 부르는 거야.

"우아, 성공이야, 성공! 쇠백로가 갑자기 날아오르는가 싶더니 물속으로 머리를 내리꽂으면서 물고기를 잡았어요. 물고기 잡는 건 언제 봐도 멋져요. 와, 엄청 날렵하네."

마루는 쇠백로의 사냥 장면에 엄청 흥분한 눈치였어. 하지만 아라와 내가 봤을 땐 이미 쇠백로가 날아가 버린 뒤였지.

"그렇다면 여기에 물고기도 많다는 소리야?"

아라는 새뿐 아니라 물고기도 궁금한가 봐. 하천에는 방금 우리가 본 새뿐만 아니라, 여러 생물이 어울려 살아가고 있어. 물고기, 새우, 다슬기, 우렁이, 곤충, 실지렁이, 거머리, 물풀까지 말이야. 이렇게 다양한 생물이 사는 하천을 생태 하천이라고 부른단다. 다양한 생물이 살고 있으니 하천 생태계를 연구하기에도 적합하지.

우리 동네 개천은 10여 년 전만 해도 이런 모습이 아니었어. 비 오는 날 말고는 물이 흐르지 않았고, 쓰레기만 가득했지. 그야말로 쓰레기장이나 다름없었어. 오죽하면 사람들이 지나다니려고 하지 않았겠어. 물고기나 새는 구경조차 할 수 없었지. 그러다 환경에 관심을 갖는 사람들이 생겨났어.

사람들은 개천 주변의 쓰레기를 치우고, 개천에 깨끗한 물이 흐르게 하려고 애썼어. 그 결과 맑은 물이 흐르는 개천으로 거듭나게 된 거야. 물이 깨끗해지자 물고기가 늘어나고, 물고기를 먹으러 새가 날아오면서 생태계가 되살아났지. 이렇게 훼손됐던 하천을 건강한 하천으로 되돌리는 일을 생태 하천 복원이라고 해. 우리나라 곳곳에는 이렇게 복원된 생태 하천이 많단다.

환경이 좋아지는 만큼 새도 점점 많이 찾아오겠어요.

그런데 한 가지 우리가 놓치고 있는 게 있어. 이곳은 개천을 중심으로 양쪽에 사람들이 산책할 수 있는 길과 자전거 길이 있거든. 아마 도시에 있는 하천들은 대개 비슷할 거야. 개천가는 운동이랑 산책도 할 수 있고 여름엔 시원하기까지 하니 더할 나위 없이 좋아. 주말이면 자전거 타는 사람, 운동하는 사람, 개 산책시키는 사람들로 북적거리지. 그런데 사람에게 좋은 것과 개천에 사는 여러 생물에게 좋은 것은 조금 다를 수 있어. 우리에게는 좋은 것이 생물들에게 좋지 않을 수도 있다는 소리야.

"어떤 아저씨가 라디오를 크게 켜 놓은 채 걸어가는 걸 봤어요. 그 소리가 새들에게 피해를 줄까 봐 걱정돼요."

"도시니까 밤에도 불빛이 환해요. 혹시라도 이곳에서 잠을 자야 하는 생물이 있다면 힘들 것 같아요."

아라랑 마루 말대로 우리가 무심결에 하는 행동이 개천에 사는 생물들에게 피해를 줄 수 있어. 사람들이 내는 소음뿐만 아니라 주변 도로에서 들려오는 자동차 소음도 만만치 않을 거야. 빛 공해도 그렇고. 사실 우리나라는 전 세계에서 두 번째로 빛 공해가 심한 나라야. 빛을 피할 수 있는 곳이 거의 없지. 이곳에 잠자리를 마련한 동물들이라면 더욱 고통스러울 듯해. 생태 하천을 이용할 때는 그곳에서 살아가는 생물들에 대한 배려도 잊지 않았으면 좋겠구나.

생태계 전반에 영향을 끼치는 빛 공해

　빛 공해는 말 그대로 빛이 공해가 된다는 뜻이야. 조명이 너무 밝거나 많아서 밤에도 낮과 같이 밝으면 여러 가지 문제가 발생하거든.

　사람은 밝은 조명 아래 있다가 잠이 들면 깊게 못 자고, 신체 리듬도 깨지기 쉬워. 인공조명에서 나오는 청색광은 눈에도 좋지 않지. 청색광에 너무 많이 노출되면 결막염이나 녹내장 같은 안구 질환에 걸릴 수도 있단다. 야행성 동물은 밝은 빛 때문에 먹이를 잘 찾지 못하고, 번식력이 떨어져. 그러다 보면 개체 수도 감소할 수밖에 없지. 빛은 곤충들을 위험에 처하게 하기도 해. 가로등 같은 불빛 주변에 곤충이 많이 모여드는 걸 본 적 있지? 그렇게 가로등 주변을 맴돌면 체력이 고갈되고, 포식자 눈에 띄기도 쉽단다. 빛 공해로 농작물 생산량이 떨어진다는 연구도 있어. 환경부 자료에 따르면 야간에 20럭스가 넘는 인공조명에 장기간 노출되면 들깨는 98퍼센트, 벼는 20퍼센트 가까이 수확량이 줄어든대. 나무도 인공조명 때문에 광합성 작용에 교란이 일어나서 계절 변화에 제대로 적응하지 못한다고 해. 빛 공해는 이렇게 생태계 전반에 큰 영향을 끼치고 있단다.

　그럼 빛 공해를 줄이려면 어떻게 해야 할까? 평소에는 불을 너무 환히 밝히지 말고, 잘 때는 불을 꼭 끄고 자 보자. 그리고 자기 전에 스마트폰, 텔레비전, 컴퓨터 같은 전자 기기를 사용하지 않는 거야. 그러면 전자 기기에서 나오는 빛으로부터 나를 보호할 수 있겠지?

4. 갯벌을 지켜 줘!

철새들이 먼 거리를 이동할 때 가장 중요한 게 뭔 줄 아니? 바로 먹이야. 먹어야 날아다닐 거 아니겠어? 갯벌은 철새들이 이동하는 중간에 잠시 내려와 먹이를 구하는 곳이야. 말하자면 새들의 밥상인 셈이지. 여기까지 이야기하고 있는데 마루가 궁금증을 참지 못하고 끼어들었어.

"지난번에 제주도 갈 때 보니까 비행기가 날아가는 길이 있더라고요. 그걸 항로라고 부른다고 아빠가 알려 줬어요. 새들도 항로가 있나요? 철새들이 해마다 같은 곳으로 날아오는 걸 보면 정말 신기하거든요."

철새들이 다니는 길도 당연히 있지. 그걸 이동 경로라고 해. 전 세계적으로 대략 아홉 개의 이동 경로가 있다고 알려져 있어. 제주도로 갈 때 항로를 따라가는 이유는 정확히 제주도에 도착하기 위해서야. 새들도 마찬가지로 목적지에 정확히 도착하기 위해 이동 경로를 따라간단다. 새들이 이동하는 첫 번째 이유는 먹이를 구하기 위해서야. 먹이가 풍부한 곳으로 정확히 날아가야만 하는 거지. 그래서 새들의 이동 경로는 곧 생존 경로라고 보면 정확해.

아홉 개의 이동 경로 가운데 오스트레일리아, 뉴질랜드에서 시베리아와 알래스카로 이동하는 경로를 동아시아 대양주 이동 경로라고 해. 거리는 대략 1만 킬로미터 안팎이지. 이렇게 먼 거리를 이동하려면 중간중간 쉬면서 먹이를 보충해야겠지? 새들이 중간에 휴식을 취하는 곳 가운데 하나가 바로 서해 연안 갯벌이야. 서해는 중국과 우리나라 사이에 위치한 바다인데, 동아시아 대양주 이동 경로 중간에 있거든. 그런데 너무나 안타깝게도 서해의 갯벌이 계속 줄어들고 있단다.

이동 경로를 따라 정확히 날아갔는데도 먹이가 없다면 어떨까? 너희가 피곤하고 배가 너무 고파서 집에 왔는데, 집에 아무도 없고 냉장고가 텅 비었다고 상상해 보렴.

마루는 궁금한 것만 아니라 배고픈 것도 잘 못 참나 봐.

너희는 배가 고프면 뭘 사 먹을 수라도 있지만 새들은 그럴 수가 없잖아. 더구나 철새들이 힘든 건 우리가 힘든 것과는 차원이 달라. 먼 거리를 날아가는데 중간에 먹고 쉴 곳이 없다면 어떻게 되겠니? 굶어 죽거나 힘들어서 죽을 수밖에 없어. 그러니까 새들의 밥상인 갯벌이 줄어드는 건 정말 큰 문제란다.

"도대체 서해 연안 갯벌이 왜 줄어드는 거예요?"

마루가 따지듯 물었어.

갯벌은 바닷물이 가득할 때도 있지만 그냥, 벌이 다 드러날 때도 있지. 그래서일까? 그곳을 메워서 땅으로 만들고 싶어 하는 사람들이 있어. 땅을 만들어서 공장도 짓고, 농사도

짓고 싶은가 봐. 갯벌을 버려진 땅, 쓸모없는 공간쯤으로 생각하는 탓이지.

"썰물일 때 갯벌에 간 적이 있어요. 그런데 바위로 둘러싸인 웅덩이에 물이 그대로 고여 있더라고요. 웅덩이에는 게랑 물고기가 있고, 바위에는 따개비랑 군부가 붙어 있었어요. 미역처럼 생긴 바닷말도 봤어요. 갯벌에 난 구멍으로는 게가 들락거렸고요. 얼핏 봐도 정말 많은 생물이 살던데요."

아라가 관찰을 아주 잘한 것 같아. 갯벌은 물이 들어왔다

빠지기를 반복하는 특성상 다양한 생물이 살 수밖에 없단다. 밀물과 썰물 때마다 잠기고 드러나는 땅의 넓이에 따라 살아가는 생물도 다양해. 그래서 새뿐만 아니라 사람들도 오래전부터 갯벌에서 나는 다양한 수산물을 식량으로 이용하며 살아왔단다.

갯벌은 공기를 맑게 해 주고 습기를 적절하게 유지해 줄 뿐 아니라 육지에서 오염된 물을 정화하는 역할도 하고 있어. 홍수가 나거나 해일이 일어날 때면 완충 지대 역할을 해서, 땅이 물에 잠기는 걸 막아 주기도 하지.

거듭 강조하지만 자연에 있는 것 중에 필요 없는 것은 하나도 없어. 왜냐하면 생물들이 자연에 적응하며 살아왔기 때문이야. 자연과 그곳에 깃들어 사는 생명들은 서로가 서로에게 최적화되어 있지. 그러니까 자연을 우리 마음대로 바꾸려는 생각은 정말 위험해.

전라북도 군산에서 부안까지 서해에는 우리나라에서 가장 큰 갯벌이자 세계에서 아주 드물게 훌륭한 갯벌이 있었어. 동아시아 대양주 이동 경로로 오스트레일리아에서 알래스카나 시베리아로 오가는 새들이 중간에 쉬면서 먹이 활동을 하는 중요한 갯벌이었지. 그런데 거길 매립해 버렸어. 갯벌이 사라진 거지. 그 결과, 오가던 철새들이 줄어들기 시작했어. 특히 도요물떼새 숫자가 많이 줄었는데, 그중에서 붉은어깨도요는 깜짝 놀랄 만큼 줄었어. 먹고 쉴 곳을 찾아 먼 거리를 날아 와 보니, 먹이터이자 쉼터가 사라진 거야. 더는 찾아올 이유가 없어진 거지. 그 땅 이름이 '새만금'이야. 새만금이 갯벌이었을 때 주로 나던 백합 조개는 이제 흔적도 없이 사라졌대. 어디 백합 조개뿐이겠니? 그러니 갯벌에서 나는 수산물로 먹고살던 주민들의 삶도 죄 망가졌지. 지금도 서해 갯벌은 빠른 속도로 사라지고 있어. 오가는 철새들은 대체 어디서 쉬어야 하는 걸까?

"아, 정말! 새들이 너무 불쌍해요. 어른들은 대체 왜 그러는 걸까요?"

"그런데 갯벌을 지켜 낸 곳도 있어."

"어딘데요?"

아라와 마루가 동시에 눈을 반짝이며 물었어.

"순천만이야. 그곳을 메우려는 걸 시민들과 환경 단체들이 힘을 모아 지켜 냈지."

"와, 멋진 사람들이네요!"

아라가 감탄했어.

더 멋진 얘기도 들려줄까? 순천만 근처에 논이 있어. 이 논에 쓸 전기를 끌어 오느라, 전봇대가 200개도 넘게 줄지어 있었지. 그런데 그 전봇대 때문에 문제가 생겼어. 겨울을 나려고 찾아온 흑두루미들이 전깃줄에 부딪혀 다리를 다치고 날개가 부러지는 거야. 그러자 사람들은 전봇대를 모두 뽑아 버렸단다. 전봇대만 뽑아 버린 게 아니야. 흑두루미들이 겨울을 날 들판에 볏짚이랑 먹이도 뿌려 두고 있어. 농약은 당연히 쓰지 않지. 흑두루미한테 피해가 가지 않도록 최선을 다하고 있단다. 흑두루미는 늦가을부터 순천만에 머물다가 봄이 오면 다시 북쪽으로 날아가. 겨울에 떼로 날아오고 날아가는 모습은 그야말로 장관이란다.

"그런데 거기서 농사짓는 분들은 아무 불만이 없나요? 다른 곳처럼 전기도 끌어다 쓸 수 없고 농약도 마음대로 쓸 수

없으니, 싫어하는 사람들도 있을 것 같은데요?"

아라가 날카로운 질문을 던졌어.

'사람과 철새가 나눠 먹는 행복이 있습니다' 이렇게 홍보하는 쌀이 있어. 흑두루미가 찾아오는 순천만에서 수확한 쌀이야. 순천시에서는 농민들이 농약을 치지 않고 농사를 지은 쌀을 비싼 값에 사들여. 그렇게 사들인 쌀의 일부를 흑두루미 먹이로 다시 돌려주고 나머지는 팔아. 쌀을 팔아서 번 돈도 모두 철새 보호와 순천만 보존에 쓴단다. 그야말로 사람과 철새가 나눠 먹는 쌀인 거지.

아라는 그제야 마음이 좀 놓인 것 같았어.

"물론이지. 자연을 지키고 생물을 돌보는 어른도 생각보다 많아. 흑두루미 쌀에 관해 이야기하지 않은 게 하나 더 있는데 들려줄까 말까?"

"하지 말래도 하실 거면서 왜 그러세요."

마루는 나를 너무 잘 아는 것 같아. 흑두루미 쌀은 다른 쌀보다 보름 정도 늦게 거둬들인대. 왜냐하면 벼를 수확할 때가 지나도록 논에 세워 두면 볍씨가 저절로 논바닥에 떨어지는데, 그게 새들의 먹이가 되기 때문이야. 어때, 훈훈하지? 갯벌을 그대로 보존한다는 것은 수많은 생물의 생명을 지키는 일이란다.

　이렇게까지 말하고 마루와 아라를 보니 나를 예사롭지 않은 눈길로 보고 있네. 나를 좋은 어른 중 한 사람으로 인정해 주는 건가? 아이, 부담스러운데…….

 ## 갯벌에서 살아요!

갯벌은 오랫동안 바닷물이 들고 나면서 만들어진 땅이야. 1년 동안 쌓이는 개흙이 고작 3~5밀리미터 정도라고 하니 갯벌 하나가 만들어지려면 정말 까마득한 시간이 걸리는 셈이지.

갯벌에는 갯지렁이, 새우, 게, 조개, 낙지, 망둥이, 숭어에 이르기까지 다양한 생물이 살고 있어. 갯벌은 육지와 바다가 만나는 곳이라 먹잇감이 풍부하고 알을 낳거나 몸을 숨길 곳도 많기 때문이지. 우리나라 서해안과 남해안에 있는 갯벌과 그 주변에는 어류가 200여 종, 갑각류가 250여 종, 연체동물이 200여 종, 갯지렁이류가 100여 종 넘게 살고 있대. 또 100종이 넘는 새들과 50종에 가까운 식물들이 갯벌과 연결된 생태계에서 살아가고 있단다.

5. 유리 벽이 새들 무덤이래!

"소장님, 새들은 높은 하늘에서 땅에 있는 먹잇감을 볼 정도로 시력이 좋은데 왜 유리창에 부딪치는 건가요?"

마루가 시무룩한 얼굴을 하고 나타나서는 물었어.

우리나라에서 한 해 동안 유리 벽에 부딪쳐서 죽는 새가 자그마치 800만 마리나 된대. 하루에 2만 마리 정도가 유리 벽에 부딪쳐 목숨을 잃는다는 얘기야. 겨울에 우리나라를 찾아오는 철새가 대략 170만 마리 정도라고 하니, 겨울 철새의 거의 다섯 배나 되는 많은 새가 유리 벽 때문에 사라지고 있어. 엄청난 숫자지. 물론 이 수치는 추정치야. 그러니까 이보다 훨씬 더 많을 수도 있고, 적을 수도 있어. 왜 추정치냐면 그동안 유리 벽에 부딪쳐 죽는 새를 조사하지 않았기 때문이야. 최근에야 심각성을 느껴서 국립생태원을 중심으로 조사를 시작했거든.

 마루 말처럼 새는 우리와는 비교도 안 될 정도로 시력이 좋아. 높이 날면서 먹이를 찾아야 하니 시력이 발달할 수밖에 없었겠지. 어느 정도로 좋으냐면 아메리카황조롱이는 18미터 떨어진 거리에서 2밀리미터 크기의 벌레도 볼 수 있다고 해. 매의 시력은 무려 9.0인데 그 정도면 500미터 떨어진 곳에 있는 글씨도 읽을 수 있지. 물론 매가 글을 읽는 건 아니고 그 정도로 시력이 좋다는 뜻이야. 이렇게 뛰어난 시력을 지닌 새들이 왜 유리 벽에 부딪칠까? 정말 이상하지?

"그러니까요. 도대체 왜?"

"마루야, 넌 유리를 얼른 알아볼 수 있니?"

"그럼요. 저기 저거 유리잖아요."

마루가 연구소 창문을 가리키며 대답했어.

"저건 창틀이 있어서 얼른 알아본 게 아닐까?"

내 말을 듣더니 마루가 고개를 갸웃했어.

"혹시 유리문에 부딪쳐 본 적 없니?"

"저 잘 부딪쳐요. 며칠 전에도 문이 열려 있는 줄 알고 베란다에 나가려다가 부딪쳤어요. 그때 생긴 혹이 아직도 아프다니까요."

마루는 찡그리며 이마를 문질렀어.

바로 그거야. 유리는 투명해서 없다고 착각하기 쉬워. 아무리 시력이 좋아도 말이야. 게다가 유리 벽에 하늘이나 나무 따위가 비치면, 새들은 유리 벽을 허공이나 숲으로 착각하곤 해. 이게 새들이 유리 벽에 부딪치는 이유란다.

요사이 건물 외벽을 유리로 짓는 게 유행이야. 건축 기술이 날로 발전하는 데다 탁 트인 전망을 갖고 싶은 사람들의 마음이 합쳐져서, 외벽이 유리로 된 초고층 빌딩이 늘어나고 있지. 우리나라에서 가장 높은 빌딩인 롯데월드타워만 봐도 외벽이 온통 유리 벽으로 이루어져 있어. 그런데 유리 벽에 하늘이 반사되면 새들은 거기에 장애물이 있다는 걸 알 길이 없어. 그 결과 수많은 새가 목숨을 잃고 있단다. 캐나다의 경우 1년에 대략 2500만 마리, 미국에서는 1년에 6억 마리 가까운 새가 유리 벽 충돌로 사라지고 있대. 정말 엄청난 수의 새가 유리 벽 때문에 사라지고 있는 거야.

바로 속력 때문이야. 새는 보통 시속 30~70킬로미터로 날거든. 도로를 달리는 차의 속도 정도라고 생각하면 얼추 맞아. 그런 속도로 날아가면서 양옆을 보겠지? 부엉이나 몇몇 맹금류를 제외하면 새는 대체로 양옆에 눈이 붙어 있으니까. 양옆에 눈이 있는 이유는 천적이 있는지를 늘 살펴야 하기 때문이야. 그런데 눈이 옆에 있으면 양옆은 잘 볼 수 있지만 정면을 보기는 힘들어. 정면에 있는 물체가 어느 정도 떨어져 있는지 가늠하기도 힘들지. 그렇게 하늘을 날다가 그만 쾅! 하늘인 줄 알고 날아갔는데 유리가 있었던 거야. 어떻게 되겠니?

"아아아. 그만요!"

마루는 진저리를 쳤어. 사실 상상만으로도 끔찍한 장면이야. 게다가 새는 사람과 달리 뼈가 얇고 속이 비어 있어. 하늘을 날려면 몸이 가벼워야 하기 때문이지. 그런데 유리로 된 건축물이 늘어나면서 이런 신체 구조는 오히려 단점이 돼 버렸어. 속이 빈 뼈는 부딪치면 잘 부러지겠지? 그래서 유리 벽에 충돌하면 당장 목숨을 잃지 않더라도 목이나 날개가 부러져 고통을 겪다가 결국 죽음에 이른단다.

건물 유리 벽과 함께 새들이 많이 충돌하는 곳은 바로 도로 방음벽이야. 예전에는 방음벽을 철판으로 만들었는데, 요즘은 유리로 된 방음벽이 늘어나고 있거든. 도로 가까이까지 아파트가 들어서자, 아파트 주민들은 방음벽이 시야를 가린다고 항의했어. 그래서 방음벽을 투명한 유리로 만들기 시작한 거야. 그런데 이 유리 방음벽이 건물 유리 벽보다 새들에게 더 큰 위협이 되고 있어. 방음벽은 새들의 서식지를 가로질러 설치되는 경우가 많거든.

내가 아는 환경 활동가가 하루 동안 유리 방음벽 아래를 살핀 적이 있어. 그때 발견한 새의 사체가 자그마치 92마리라고 해. 새가 부딪친 흔적이 방음벽 곳곳에 남아 있었다는

구나. 사체는 근처를 지나던 길고양이가 물어가기도 하니까, 그렇게 사라진 새까지 생각하면 100마리도 훌쩍 넘는 새가 하루 동안 희생된 거야. 너무 끔찍하지 않니? 풍경을 보겠다고 세워 놓은 유리 벽이 새들의 무덤이 된다니 말이야.

"너무 안타까워요. 저렇게 많은 유리 벽을 다 없앨 수도 없고, 어떻게 하면 좋을까요?"

고맙게도 세상에는 마루와 같은 생각을 하는 사람들이 적지 않단다. '어떻게 하면 새들이 유리에 부딪치지 않게 할 수 있을까?' 하고 질문을 던진 사람 말이야. 많은 사람의 고마운 마음이 모여 장애물이 있다는 걸 새들에게 알릴 방법을 찾아냈어. 유리에 테이프를 붙이고, 점을 찍고, 줄을 늘어뜨려 새들에게 알리는 거야. '여기 오면 부딪치니까 피해서 가.' 하고 말이야.

"전에 수목원에 갔을 때 창문에 독수리 모양 스티커 붙여 놓은 걸 봤어요."

"버드 세이버 말이구나?"

한때 새들의 피해를 줄이기 위해 버드 세이버를 붙이는

사람들도 있었어. 그런데 그다지 효과가 없었다고 해. 왜냐하면 새들은 움직이지 않는 그림을 천적으로 인식하지 않거든. 새들은 나뭇가지 사이처럼 좁은 공간도 휙휙 잘 지나다니잖아. 그래서 버드 세이버가 드문드문 붙어 있으면 그 사이로 지나가려고도 한대. 슬프게도 못 지나가고 부딪치겠지만 말이야.

동물들에게 이 지구는 너무 위험천만한 곳이야. 왜 이렇게 돼 버렸을까? 만약 도로를 내거나 건물을 지을 때 동물들을 배려했더라면 어땠을까? 지금처럼 유리창이나 유리 벽이 새들의 무덤이 되는 일은 적어도 없지 않았을까? 지금이라도 새들이 유리 벽에 부딪치는 일을 줄일 방법을 찾아봐야 할 것 같아.

유리창 충돌을 예방하는 방법들

유리에 점을 찍어요

유리창에 가로 10센티미터, 세로 5센티미터 간격으로 8밀리미터보다 큰 점을 찍는 거야. 그러면 박새나 참새처럼 좁은 공간을 지나다니는 새들도 그곳에 뭔가 장애물이 있다는 걸 알아차리고 피해 간대. 점이 찍혀 있는 시트지도 팔고 있어. 집에 있는 아크릴 물감을 써도 돼.

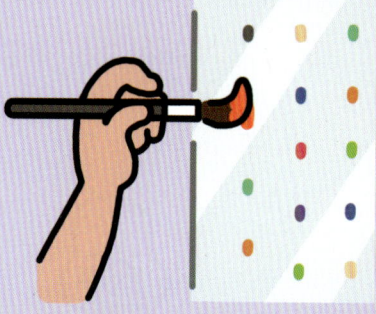

이때 중요한 것은 건물 밖에서 점을 찍어야 한다는 거야. 건물 안에서 찍은 점은 풍경이 반사되는 것을 막을 수 없거든. 1층이나 발코니가 있는 2층 정도의 건물이라면 가능하겠지?

자외선 반사 테이프를 붙여요

유리창에 자외선 반사 테이프를 붙이는 방법이야. 새들은 사람들이 볼 수 없는 자외선 파장대를 볼 수 있어. 그래서 자외선 반사 테이프를 붙이면 이것을 보고 유리창을 피해 갈 수 있어. 점을 찍는 것과 마찬가지로 가로 10센티미터, 세로 5센티미터

간격으로 건물 외부에 붙이면 돼. 자외선 테이프가 사람 눈에는 안 보이니 깔끔한 걸 좋아하는 사람에게는 이 방법이 좋을 수도 있어.

줄을 늘어뜨려요

창에 뭔가 붙이는 게 번거롭다면 유리창이나 건물 외벽에 줄을 늘어뜨려 봐. 줄은 두께가 6밀리미터 이상이어야 하고, 10센티미터 간격으로 늘어뜨려야 한다는 점 기억해! 그리고 바람이나 잡초 때문에 벌어질 수 있으니까 자주 확인해 주는 게 필요해.

6. 강아지, 사지 말고 입양해요

연구소 근처 공원에서 산책하다가 우리 집 아래층에 사는 아주머니를 만났어. 아주머니는 개 두 마리를 데리고 있더구나. 예전에는 개를 키우지 않았던 것 같은데 말이야.

"우리 아이들이에요. 태양아, 담비야, 인사하렴. 우리 위층에 사시는 고래똥 소장님이야."

나도 무척 반가워서 태양이와 담비에게 인사를 건넸지. 그런데 태양이가 어쩐지 눈에 익은 느낌이었어.

"소장님, 제가 슈퍼에 잠시 다녀와야 해서요. 실례가 안 된다면 아이들을 잠깐만 봐 줄 수 있으세요?"

당연히 된다고 했지. 아주머니는 태양이와 담비에게 곧 돌아올 테니 얌전히 있으라고 하고는 슈퍼 쪽으로 뛰어갔어.

"애들아, 너희들 아주머니랑은 어떻게 만나게 됐니?"

아이들을 쓰다듬어 주며 슬쩍 물어봤는데 태양이가 나서서 대답했어.

"소장님, 저 기억 안 나세요? 얼마 전에 소장님이랑 이 근처에서 마주쳤는데……."

"세상에…… 어쩐지 낯이 익다 했어. 아니, 그런데 어떻게 아주머니랑 같이 살게 됐니?"

"원래 저를 데리고 살던 주인이 얼마나 때렸는지 몰라요. 아저씨는 좋은 사람이었는데 아주머니가 화를 자주 냈어요. 자기가 짜증 나는 일이 있어도 때리고, 제가 장난을 치다가 뭔가 실수를 해도 때리고, 참 많이 맞았어요. 그런데 어느 날 이사를 간다고 하더라고요. 차에 짐을 다 실을 때까지도 저를 버리고 갈 줄은 몰랐어요. 그런데 아저씨가 먼저 차에 타고 아주머니가 뒤따라 타면서, 저를 슬쩍 차 문밖에 내려놓고 문을 닫아 버리는 거예요. 그때 저는 다리를 다쳐 쩔뚝거리던 때라 차를 따라갈 수 없었어요. 하긴 뛰어갔어도 그 사람들이 차를 세웠을까 싶어요. 그 뒤 동네를 떠돌다가 소장님을 만났던 거예요. 소장님과 헤어지고 얼마 안 돼서 보호소로 보내졌어요. 담비도 같은 날 보호소에 들어오면서 친해졌고요."

옆에서 듣고 있던 담비가 훌쩍였어. 담비는 또 어떤 사연으로 아주머니와 살게 된 건지 궁금했어. 내가 묻기도 전에 담비가 먼저 이야기를 들려주더라고.

"저는 가족이랑 휴가를 갔다가 헤어졌어요. 다들 사람들이 절 버렸다고 하지만 저는 그렇게 생각하지 않아요. 바닷가가 너무 복잡해서 절 잃어버린 거예요. 나를 가장 예뻐해 주던 성준이가 많이 보고 싶어요. 그렇지만 이젠 괜찮아요. 지금은 정말 행복하니까요. 지금 엄마는 우리를 많이 사랑해 주거든요.

엄마를 만난 건 우리가 보호소에 들어온 지 일주일 되는 날이었어요. 보호소에 있는 개들 말로는 그날이 우리가 살아 있는 마지막 날이 될 거라고 했어요. 저는 아침부터 태양이를 붙잡고 울었어요. 죽고 싶지 않았으니까요. 태양이는 울지 않고 저를 위로해 줬지요. 그런데 갑자기 문이 열리면서 보호소 직원이 저와 태양이를 데리고 나가는 거예요. 이젠 죽었구나 생각하는데, 우리 엄마가 기다리고 있었어요. 엄마는 일주일 된 개들 가운데서 두 마리를 입양하러 오신 거였대요."

담비가 여기까지 얘기하는데 아주머니가 막 뛰어왔어. 늦게 와서 미안하다며 태양이와 담비를 건네받았지. 잠깐 떨어졌던 것뿐인데도 태양이와 담비 등을 막 쓰다듬고 껴안아 주더구나. 태양이와 담비도 꼬리를 흔들며 반가워했어. 이 세상에 천사가 있다면 아주머니일 거라는 생각이 들었단다.

그날 퇴근길에 펫 숍 앞을 지나다가 아라를 봤어. 유리창에 아주 코를 박고 있더구나. 슬그머니 옆으로 가서 유리창 너머로 안을 들여다봤지. 털이 하얀 강아지 한 마리가 구석에 쭈그린 채 엎드려 있더라고. 자는 걸까 싶어서 잠시 지켜보았지. 한눈에도 무척 어린 강아지라는 걸 알 수 있었어. 엄마 젖을 한참 더 먹어야 할 만큼 어린 강아지더구나. 그렇게 어린데 엄마는 보이지 않고 혼자 엎드려 있는 모습을 보니까 가슴이 먹먹했어. 아직 엄마 손이 필요한 아기인데 혼자서 얼마나 무서울까? 아라가 훌쩍이는 것 같아서 조용히 이름을 불렀지. 아라는 눈물이 그렁그렁한 얼굴로 나를 쳐다보더니 얼른 눈물을 훔쳤어. 아라랑 같이 걸어가면서 펫 숍에 있는 강아지에 대해 이야기를 나눴단다.

아마 저 강아지의 어미는 강아지 공장에 있을 거야. 강아지 공장에 있는 개들은 자연스럽게 새끼를 낳는 게 아니야. 펫 숍으로 보내기 위해 공장에서 물건 찍듯이 새끼를 낳아야 하지. 이런 강아지 공장의 환경이 좋을 리 없겠지? 어미 개들은 좁은 철창에 갇혀 1년에 세 번 넘게 강아지를 낳도록 강요받아. 개는 폐경이 없기 때문에 쉴 새 없이 임신과 출산을 되풀이하지. 오물이 가득한 좁은 공간에서 평생을 고통받으며 살아가야 하는 거야. 이곳에서 벗어나려면 식용 개

로 팔리거나 죽는 길밖에 없어. 얼마나 끔찍한 일이니?

  이런 환경에서 태어난 강아지들은 태어난 지 한 달이 지나면 강아지 경매장으로 옮겨져. 그곳에서 높은 가격을 부른 사람에게 물건처럼 팔려 가는 거지. 그렇게 팔린 강아지들이 아까 우리가 본 것처럼 펫 숍에 진열되는 거란다. 강아지나 고양이는 태어난 지 두 달이 지나야만 거래할 수 있다고 법으로 정해져 있어. 그런데 사람들이 작고 귀여운 새끼들을 좋아하니깐 법을 어기고 어린 새끼들을 거래하는 거야.

"어미 개와 강아지 모두 불쌍해요. 펫 숍에 있는 강아지가 슬퍼 보이는 이유가 다 있었네요. 그런데요, 강아지를 정말 좋아해서 기르고 싶은 사람은 펫 숍 말고 어디서 강아지를 만날 수 있어요?"

강아지를 좋아하는 아라가 궁금해하는 게 당연해.

유기견 보호소에 가면 누군가의 가족이 되길 기다리는 개들이 있어. 우리 집 아래층에 사는 태양이와 담비도 유기견 보호소에 있다가 입양된 거잖아. 정말 개를 키우고 싶다면 유기견을 입양하는 게 좋지 않을까?

"저도 강아지를 입양할래요!"

이 말을 남기고 아라는 신이 나서 집으로 갔어.

그런데 며칠 뒤 아라가 풀이 잔뜩 죽은 채 연구소 문을 열고 들어오더라고.

"오늘은 어째 기운이 없어 보이네?"

"엄마가 강아지 입양도 안 된대요. 동생이 동물 털 알레르기가 있어서 우리 집에서는 어떤 동물도 키울 수가 없대요."

그런 아라를 보니까 나도 안타깝더라고. 그렇지만 반려동물을 못 기르는 상황이라면 무리해서 기르는 것보단 안 기르는 게 사람에게도 동물에게도 좋아. 그리고 우리에겐 사랑스러운 거위가 있잖아. 겨울 지나고 따뜻한 봄이 되면 거위의 짝이 될 수거위를 찾아봐야겠어. 거위가 알을 낳고 부드러운 가슴 털로 품어 새끼를 낳고 싶다는 소원을 이룰 수 있도록 말이야. 새끼가 태어나고 거위 가족이 늘어난다면 우리가 할 일이 더 늘어날지도 몰라. 거위 네랑 조화롭게 살 수 있는 방법, 혹시 이 책을 읽는 너희도 알고 있다면 알려 주길 바라.

유기 동물을 입양하기 전 한 번 더 생각해요!

　반려동물은 물건이 아니야. 마음에 들지 않는다고 반품할 수 없지. 한번 가족이 되면 20년 정도 같이 살게 돼. 그래서 동물을 입양할 때는 내가 동물을 키울 수 있는 사람인지 충분히 생각해 봐야 해. 특히 한 번 버려진 상처가 있는 유기 동물을 입양할 때는 더욱더 신중해야 한단다.

　우선 우리 집이 동물을 키울 수 있는 환경인지 확인해야 해. 특히 아파트에 산다면 주변 이웃들에게 먼저 동의를 구하는 것도 좋아. 가족 중에 반려동물을 키우는 것을 반대하는 사람이 없는지 확인하는 것도 중요해. 아라 동생처럼 가족 중에 동물 털 알레르기가 있는 사람이 있다면 아쉽지만 반려동물을 키우지 않는 게 좋아. 또 반려동물을 이해할 수 있는 넓은 마음이 필요해. 동물은 인형이 아니야. 대소변을 아무 데나 볼 수도 있고, 집을 헤집고 다닐 수도 있어. 때론 너희를 물 수도 있지. 이런 동물들의 행동을 잘 이해하고, 잘 훈련될 때까지 기다릴 수 있어야 해.

　이 모든 것을 감당할 각오가 됐다면 유기 동물을 분양하는 곳에서 가족이 될 동물을 찾아봐. 유기 동물은 각 지역의 유기 동물 보호소에서 직접 분양받을 수도 있고, 온라인으로 분양받을 수도 있어. 그렇지만 몇 가지 절차를 거쳐야 해. 서류도 작성하고, 반려동물을 들일 준비가 됐는지 심층 면담도 받아야 하지. 어떤 곳에서는 몇 주에 걸쳐 교육을 받아야만 입양을 허락해 주기도 해. 그만큼 신중해야 한다는 뜻이겠지.

　이미 한 번 버려진 상처가 있는 동물들은 다시 버림받을 수 있다는 불안감을 안고 살아. 그런 만큼 따뜻한 관심과 변치 않는 믿음을 심어 줘야 한단다.

맺음말

얘들아, 안녕!

고래똥 소장이야. 예쁘고 멋진 이름을 두고 왜 하필 '고래똥'이라는 이름을 붙였는지 많이들 궁금한가 봐. 너희도 그러니? 내가 이름을 '고래똥'으로 정한 건 고래의 똥이 바다와 땅 생태계에 굉장히 중요한 역할을 하기 때문이란다.

고래는 수심 100미터가 넘는 바닷속에서 먹이 활동을 해. 그리고는 물 위로 올라와 숨도 쉬고 똥도 누지. 바다 밑에서 영양분이 가득한 먹이를 잔뜩 먹고 바다 위로 올라와 똥을 누니까, 바다의 영양분을 밑에서 위로 끌어 올려 주는 펌프 역할을 하는 셈이야. 고래똥에는 인 성분이 잔뜩 들어 있어. 인은 생물이 성장하고 열매 맺는 데 꼭 필요한 성분이지. 고래똥 안에 들어 있는 인은 식물성 플랑크톤의 성장에 큰 도움이 돼. 그리고 식물성 플랑크톤은 광합성을 하면서 지구 온난화의 주범인 이산화 탄소를 흡수하지. 그 양은 지상의 모든 식물이 흡수하는 이산화 탄소량의 60퍼센트에 이른다고 해.

그것만이 아니야. 식물성 플랑크톤이 늘어나면 그걸 먹는 동물성 플랑크톤과 물고기가 늘어나고, 바닷새의 먹이도 풍부해져. 깊은 바닷속 생물부터 하늘을 나는 새까지 모두 고래똥과 연결되어 있는 거지. 또 강을 거슬러 올라가는 물고기를 곰이 먹고, 곰이 숲에 똥을 누면 바다의 양분이 숲으로도 전달돼. 이렇게 중요한 연결 고리의 한 부분을 고래똥이 담당하고 있단다. 그런데 기후 변화로 서식지가 사라지고 먹이가 줄면서 고래 수도 줄고 있어. 고래 수가 줄어드니까 똥도 당연히 줄 수밖에. 고래똥이 줄어드는 바람에 바다 생태계도 위협을 받고 있대. 어떻게 이 상황을 알릴까 궁리하다가 '고래똥'을 내 이름으로 삼은 거야. 내 얘길 듣고 보니 '똥'이 정말 소중하게 느껴지지 않니?

나는 이 책을 통해 지구에 존재하는 모든 생명이 아주 가깝게 이어져 있다는 사실을 다시 한번 일깨워 주고 싶었어. 패딩 점퍼를 입는 것이 어떤 동물에게 크나큰 고통을 안겨 준다는 사실, 라면을 먹는 것이 수많은 생명이 깃들여 사는 숲을 파괴하는 일이 될 수도 있다는 사실을 말이야. 유리 벽이 새들의 무덤이 되고 있다는 사실, 자동차 소음이 새들 번식에 방해가 된다는 사실도! 세상에는 애써 알려고 하지 않으면, 모르고 지나치는 일들이 참 많단다. 이런 일들은 알면 알수록 괴롭지. 그렇다고 모르고 살면 편할까? 오히려 제대로 알고 우리와 연결된 생명의 고리를 더 튼튼하게 만드는 것이 우리를 더 나은 삶으로 이끌어 주지 않을까?

너희가 이 책을 통해 알게 된 사실을 그저 아는 데 그치지 말고 작은 것 하나라도 실천으로 옮기면 좋겠어. 너희의 작은 실천이 이 지구 위에 사는 모든 생명과 생명 사이를 잇는 끈이 되어 줄 테니까. 그리고 친구와 가족에게도 널리 널리 알려 줬으면 해.

너희가 살아 갈 세상은 자연과 사람이 언제까지고 조화롭기를!

똑똑교양 1

라면을 먹으면 숲이 사라져

ⓒ최원형, 이시누, 2020

초판 1쇄 발행 2020년 10월 23일 | 초판 17쇄 발행 2025년 9월 16일
ISBN 979-11-5836-207-2, 979-11-5836-206-5(세트)

펴낸이 임선희 | 펴낸곳 (주)책읽는곰 | 출판등록 제2017-000301호
주소 서울시 마포구 성지길 48 | 전화 02-332-2672~3 | 팩스 02-338-2672
홈페이지 www.bearbooks.co.kr | 전자우편 bear@bearbooks.co.kr
SNS Instagram@bearbooks_publishers

편집 우지영, 우진영, 이다정, 최아라, 박혜진, 김다예, 윤주영, 도아라 | 디자인 강효진, 강연지, 윤금비
마케팅 정승호, 배현석, 김선아, 이서윤, 백경희, 김현정 | 경영관리 고성림, 이민종 | 저작권 민유리
협력업체 이피에스, 두성피앤엘, 월드페이퍼, 원방드라이보드, 해인문화사, 으뜸래핑, 문화유통북스

이 책은 저작권법에 따라 보호받는 저작물이므로 무단 전재와 무단 복제를 금합니다.
이 책 내용의 전부 또는 일부를 사용하시려면 반드시 저작권자와 출판사의 동의를 얻어야 합니다.

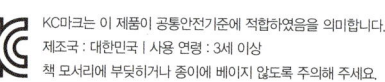

KC마크는 이 제품이 공통안전기준에 적합하였음을 의미합니다.
제조국 : 대한민국 | 사용 연령 : 3세 이상
책 모서리에 부딪히거나 종이에 베이지 않도록 주의해 주세요.